Mel Bay Presents
Hispanic-American GUITAR

by Douglas Back

Spanish translation by José Cobos

CD CONTENTS

1. La Castañera [3:47]
2. Violetta Schotticshe [4:03]
3. La Suplica-Habañera [2:14]
4. Zamora-Bolero [2:50]
5. A Media Noche [1:37]
6. Polonaise [3:59]
7. El Olé-Spanish Dance [1:20]
8. A la Orilla del Ebra-Jota [1:43]
9. Manzanillo-Danza Mexicana [2:17]
10. El Vito Sevillaño [1:06]
11. Arbor Villa Mazurka [2:06]
12. Spanish Mazurka [2:12]
13. Alexandrina [3:44]
14. Lejos De Ti [2:13]
15. Peruvian Air [2:10]
16. Un Sueño [1:28]
17. La Negrita-Danza [2:05]
18. Isabel - Theme and Variations [4:13]
19. Serenade [2:40]
20. Rondino [1:50]
21. Cavatina [1:24]
22. Spanish Cachucha [4:15]
23. The Celebrated Spanish Retreat [3:07]

2 3 4 5 6 7 8 9 0

Contents/Índice

Foreword

The guitar's entrance into American culture was established during the early 19th century. To a large extent, it was introduced by both visiting and immigrating Spanish guitarists. Although the guitar's once considerable popularity in Europe during the early part of the 19th century began to decline around 1830, many guitarists, particularly Spaniards who continued to hold the guitar in esteem, began to view the United States and other countries in the Americas as a place where they could forge successful careers as touring guitar virtuosi.

Don A. F. Huerta (1804-1875) was the first significant Spanish guitarist to seek artistic opportunity in America. According to Phillip Bone in his book *The Guitar and Mandolin*, Huerta had been engaged to play a concert in Havre, France, and while traveling to his performance, he found himself in the company of several businessmen about to sail to America. These businessmen advised Huerta to forget his concert in Havre and come with them to America where they felt he would be immensely successful. Without further consideration, Huerta sailed with them. He arrived in New York City in 1824, and in a short time he was able to enlist the newly formed New York Philharmonic Society to sponsor him in concerts. During an extended stay in the United States, he was sponsored in concert on four occasions by the Philharmonic Society in 1824. After a visit to Cuba and Martinique where he toured with the Garcia Opera company, he returned to New York and gave two more performances on October 12, 1825, and again on January 2, 1826. Acknowledged at the time as the "foremost guitarist in America," his programs as announced in the *New York Evening Post* were somewhat vague as to repertoire. Huerta did not give solo recitals, but as was the custom of the period, he was presented as the feature artist on programs that also contained a variety of soloists, singers, and even a full orchestra. The following is a listing of the program from Huerta's first New York appearance as advertised in the New York Evening Post.

New York, Evening Post, May 14th, 1824

Mr. Huerta's Concert, under the Patronage of the Philharmonic Society, on Saturday Evening, the 15th inst. at 8 o'clock.

First part

1. Overture, full Orchestra - Rossini

2. Concerto, Guitar, Huerta, - Huerta

3. Song, by Mr. Milon

Prólogo

La entrada de la guitarra en la cultura norteamericana ocurrió a principios del siglo XIX. Principalmente la introdujeron los emigrantes y visitantes guitarristas españoles. Alrededor del año 1830, al perder popularidad la guitarra en Europa, tras su apogeo de principios del siglo XIX, muchos guitarristas, en especial españoles que todavía tenían gran estima por el instrumento, comenzaron a considerar los Estados Unidos y otros países americanos como lugares donde podrían ejercer su profesión con éxito haciendo giras como virtuosos guitarristas.

Don A. F. Huerta (1804-1875) fue el primer guitarrista español de importancia que buscó una oportunidad artística en América. De acuerdo a Phillip Bone en su libro *La guitarra y la mandolina*, Huerta había sido contratado para tocar un concierto en La Havre, Francia, y cuando iba en camino se encontró con varios hombres de negocios que se dirigían a tomar un barco hacia Norteamérica. Ellos le aconsejaron que se olvidara de su concierto en La Havre y se fuese con ellos a América donde creyeron que tendría un éxito enorme. Sin pensarlo dos veces, Huerta se embarcó con ellos. Llegó a Nueva York en 1824, y en un corto tiempo pudo hacer que la recientemente formada Sociedad Filarmónica de Nueva York lo patrocinara en conciertos. Durante una extensa estancia en los Estados Unidos, la Sociedad Filarmónica lo patrocinó en cuatro ocasiones en 1824. Después de una visita a Cuba y Martinica, donde hizo una gira con la compañía de ópera García, regresó a Nueva York y actuó en dos ocasiones más, el 12 de octubre de 1825 y el 2 de enero de 1826. Conocido en ese tiempo como el «mejor guitarrista en América» sus programas, como los anunciaba el periódico New York Evening Post, eran un poco vagos en cuanto a su repertorio. Huerta no daba recitales solamente, sino, como era la costumbre de ese periodo, se le presentaba como artista principal de programas que también incluían una variedad de solistas, cantantes e incluso orquestas grandes. A continuación sigue una lista del programa que anunció el New York Evening Post de la primera actuación de Huerta en Nueva York:

New York Evening Post, 14 de mayo, 1824

Concierto del Sr. Huerta bajo el patrocinio de la Sociedad Filarmónica el día 15, sábado, a las 8 de la tarde.

Primera parte

1. Obertura, orquesta completa - Rossini

2. Concierto, guitarra, Huerta, - Huerta

3. Canción, por Mr. Milon

4. Solo on the Flute, Amon, - Mr. Kinsela

5. Variations on the Guitar, Sor - Huerta

Second part

1. Overture, full orchestra

2. Spanish March with variations, Huerta, - Mr. Huerta

3. Song by Mr. Milon

4. Solo on the Violin, by Mr. Gillingham

5. Divertimento on the Guitar, Huerta - Mr. Huerta

At the City Hotel, at 8 o'clock

Huerta returned to Europe and settled in London until 1830, where he met and married the daughter of the famous guitar maker Louis Panormo. From London he went to Paris and later to Spain, where he continued his life as a world traveling concert artist.

Many other accounts of early to mid 19th century visiting Spanish guitarists have been recorded. The two volume series *Strong on Music: The New York Music Scene in the Days of George Templeton Strong, 1836 - 1875*, and the multivolume work *Annals of the New York Stage* by George C. F. Odell chronicle the performances of many early guitarists in New York City. Noting an appearance in 1841 of "a new Spanish guitar virtuoso, T. Lacarcel," who "played his way to New York from Havana and New Orleans," George Templeton Strong comments that "the prevalence of Spanish guitarists in New York was due, perhaps, to the convenience of New York as a stopping-off place to and from Havana." Other Spanish guitarists in New York City at about this same time which Strong and Odell cite include names such as Señora Delores de Goni and Señor de Goni, Señor Benedid, Señor Maurez, Don Manuel Lopez, John B. Coupa, Leopold de Janon, and Antonio B. Martinez.

The guitarist Antonio B. Martinez, like Huerta, seems to have been somewhat of a wandering minstrel type. Noted for his many performances at New York's Niblo's Garden Theatre during the years 1831 - 1835, other accounts place him in St. Louis during the years 1839 - 40 and in Cleveland a few years later. He published a few short pieces for the guitar while he was in New York City and in Boston during the 1830's.

Another early Spaniard in America who is worthy of mention is Mariano Perez (ca. 1830's). Perez represents a footnote in history due primarily to the influence he had on the prolific African-American guitarist Justin Holland (1819 - 1887). Perez's performances at Boston's

4. Solo de flauta, Amon, - Mr. Kinsela

5. Variaciones en la guitarra, Sor - Huerta

Segunda parte

1. Obertura, orquesta completa

2. Marcha Española con variaciones, Huerta, - Mr. Huerta

3. Canción, por Mr. Milon

4. Solo de violín, por Mr. Gillingham

5. Divertimento en la guitarra, Huerta - Mr. Huerta

En el City Hotel, a las 8 de la tarde

Huerta regresó a Europa y se asentó en Londres hasta 1830, cuando conoció y se casó con la hija del famoso constructor de guitarras Louis Panormo. Desde Londres se trasladó a París y más tarde a España, donde continuó su carrera de concertista mundial.

Hay muchas otras historias de guitarristas españoles visitantes desde principios a mediados del siglo XIX. La serie de dos tomos: *Strong sobre Música: Escena musical de Nueva York en los días de George Templeton Strong, 1836 - 1875*, y la obra de varios tomos: *Anales de los escenarios de Nueva York,* por George C. F. Odell, la cual narra la actuación de varios de los primeros guitarristas en la ciudad de Nueva York. George Templeton Strong menciona la aparición en 1841 de «un nuevo virtuoso español de la guitarra, T. Lacarcel,» quien «tocó todo el camino desde La Habana y Nueva Orleans hasta Nueva York» comentando que «el predominio de los guitarristas españoles en Nueva York se debe, posiblemente, a la conveniencia de Nueva York como puerto de paso desde/hacia La Habana.» Otros guitarristas españoles de esa época en Nueva York que mencionan Strong y Odell incluye a la Sra. Dolores de Goni y Sr. de Goni, Sr. Benedid, Sr. Maurez, Don Manuel López, John B. Coupa, Leopold de Janon y Antonio B. Martínez.

El guitarrista Antonio B. Martínez, al igual que Huerta, parece que también era un poco el tipo de trovador errante. Conocido por sus asiduas actuaciones en el teatro Niblo Garden de Nueva York durante los años 1831 - 1835, también hay otros relatos que lo sitúan en St. Louis durante los años 1839 - 40 y en Cleveland unos años más tarde. Publicó unas piezas cortas para guitarra en Nueva York y Boston durante los 1830.

Otro de los primeros españoles en Norteamérica digno de mención es Mariano Pérez (ca. 1830). Pérez representa una nota en la historia debido principalmente a la influencia que tuvo en el prolífico guitarrista afroamericano Justin Holland (1819 - 1887).

Lion Theatre during the early 1830's served as a spark in initiating Justin Holland's desire to begin the study of the guitar.[1] Perez published one known work, a lengthy and challenging (although perhaps somewhat mediocre in quality) arrangement of the overture to the opera *Caliph of Baghdad* by Francis-Adrien Boieldieu (1775 - 1834).

It would be misleading to say that guitar playing in 19th century America was an exclusively Spanish immigrant activity. By the 1830's and 40's there were multitudes of guitarists of many ethnic heritages who began publishing music for the guitar; nevertheless, the six-string guitar at this time, and even up until about the middle of the 20th century, was almost always referred to as the Spanish guitar. This name was originally used to differentiate it from the English cittern, a steel string, open C tuned guitar-like instrument which had been in common use in America up until about 1820. The use of the term "Spanish guitar" also appears to reflect a certain 19th century romantic fascination with Spanish culture, and the guitar's connection with Spain influenced much of its early history in this country. This is evidenced by the fact that many of the principal early American guitar works contain titles such as *The Celebrated Spanish Retreat, The Spanish March, The Spanish Quickstep,* or *The Spanish Fandango.*

The middle decades of the 19th century, particularly the 1840's and 1860's, served as the most prolific periods for the publication of guitar music. The foremost Hispanic-American guitar composers of this period include John B. Coupa (ca. 1840's), Charles de Janon (1834 - 1911), and José de Anguera (1810 - 1882). Important Hispanic- American guitarist/composers who were active primarily in the latter part of the 19th century include Miguel S. Arévalo (d. 1899), Manuel Y. Ferrer (1824 - 1904), Antonio Lopes (c. 1890's) and Luis T. Romero (1854 - 1893).

The composers presented in this edition all share Hispanic heritage, and they each published works for the guitar in the United States. Although these Hispanic-Americans composed in the popular idiom of the day producing dances such as Marches, Waltzes, Mazurkas, Schottisches, Polkas, and arrangements of operatic themes, as well as "Theme and Variations," many of them capitalized on their Hispanic heritage and also composed or arranged works that reflect Iberian and Latin themes or rhythms. It was the intent of this edition

Las actuaciones de Pérez en el teatro Lion de Boston a principio de la década de 1830, sirvieron como chispa que encendió el deseo de Justin Holland para empezar a estudiar seriamente la guitarra.[1] Pérez publicó una obra conocida, un arreglo largo y difícil (aunque quizás un poco mediocre en calidad) de la obertura de la ópera *Califa de Bagdad* por Francis-Adrien Boieldieu (1775 - 1834).

Es un poco exagerado decir que el tocar la guitarra en América durante el siglo XIX era una actividad exclusiva de los emigrantes españoles. Durante los años 30 y 40 de ese siglo habían numerosos guitarristas de diversas descendencias étnicas que comenzaron a publicar música para guitarra; no obstante, a la guitarra de seis cuerdas de ese tiempo y hasta mediado del siglo XX se le llamó la guitarra española. Este nombre se usó originalmente para diferenciarla de la cítara inglesa *(cittern),* un instrumento parecido a la guitarra con cuerdas metálicas, afinada en Do al aire, que se había usado mucho en Estados Unidos hasta alrededor de 1820. El uso del término «guitarra española» también parece reflejar una cierta fascinación romántica con la cultura española del siglo XIX y el enlace de la guitarra con España influyó mucho su temprana historia en este país. Esto lo evidencia el hecho de que muchas de las primeras piezas principales americanas para guitarra tienen títulos como «La celebrada retreta española,» «Marcha española,» «Paso ligero español» o «Fandango español.»

Las décadas a mediados del XIX, particularmente las de los 40 y 60, fue el periodo más prolífico para la publicación de música para guitarra. Los compositores hispanoamericanos más importante de esta época incluyen a John B. Coupa (ca. 1840), Charles de Janon (1834 - 1911) y José de Anguera (1810 - 1882). Entre los compositores/guitarristas hispanoamericanos más importantes en la segunda mitad del siglo XIX se encuentran: Miguel S. Arévalo (f. 1899), Manuel Y. Ferrer (1824 - 1904), Antonio Lopes (c. 1890) y Luis T. Romero (1854 - 1893).

Los compositores que se presentan en esta edición comparten todos una descendencia hispana y todos publicaron piezas para la guitarra en los Estados Unidos. Aunque estos hispanoamericanos compusieron obras en el estilo popular de su tiempo, como marchas, valses, mazurcas, chotis, polcas y arreglos de temas de óperas, además de «temas y variaciones,» muchos de ellos recurrieron a su descendencia hispana y compusieron o hicieron arreglos a piezas que reflejan temas y ritmos españoles y latinos. Con esta edición intentamos incluir

---

[1] Justin Holland published over 300 works for the guitar during the mid 19th century. Several of his pieces can be found in the book *American Pioneers of the Classic Guitar* by Douglas Back, Mel Bay, 1994

[1] Justin Holland publicó más de 300 piezas para guitarra a mediados del siglo XIX. Muchas de estas piezas se pueden encontrar en el libro *Pioneros americanos de la guitarra clásica* por Douglas Back, Mel Bay, 1994

to include as many of these works as possible, as well as to present the music of a wide variety of early Hispanic-American composers.

la mayoría de estas piezas posible y a la vez presentar una variedad de compositores pioneros hispano-americanos.

Douglas Back

Douglas Back

And Music too dear music, that saw touch
Beyond all its the soul that loves it much
Now heard far off so far as but to seem
like the faint exquisite music of a dream

Y música demasiado querida, que vio contacto
Más que todo es el alma que la quiere tanto
Ahora se oye de lejos, tan lejos que parece
nada más que la tenue exquisita música de un sueño

by Octavia Celestia Y Walton, inscribed into a book of songs for the guitar, August 26th, 1828.

por Octavia Celestia Y Walton, inscrita en un libro de canciones para guitarra, 26 de agosto, 1828.

Acknowledgments

I would like to thank the following individuals and institutions that contributed information and music for this edition: Philip de Anguera, Dr. Peter Danner, The Center for Popular Music at Middle Tennessee State University, and The International Guitar Research Archive at California State University. Special thanks to Baldwin Spanish students, Katie Milner, Quentin Lindsey and teachers Andrea Johnson and Patricia Gilmore at Baldwin Arts and Academic Magnet School in Montgomery, Alabama, who assisted with some of the Spanish translations, and to Robert McLean, Jean Nix and Karen Back who assisted with proof reading.

Reconocimiento

Me gustaría agradecer a las siguientes personas y entidades que contribuyeron información y música para esta edición: Philip de Anguera, Dr. Peter Danner, The Center For Popular Music de Middle Tennessee State University y The International Guitar Research Archive del California State University. Gracias en especial a los estudiantes de español Katie Milner, Quentin Lindsey y la profesora y Patricia Gilmore Andrea Johnson del Baldwin Arts and Academic magnet School en Montgomery, Alabama, quienes ayudaron en parte con la traducción, y a Robert McLean, Jean Nix y Karen Back quienes ayudaron con la corrección.

To Nikki and Nadine

Dedicado a Nikki y Nadine

Notes on Composers and Music

Miguel S. Arévalo (d. 1899 - 1900?)

Miguel S. Arévalo was a Spanish born guitarist-composer who lived in Los Angeles and later San Francisco. He published approximately a half dozen works for guitar all in 1891 with Clark Wise & Bros. of Oakland and with Broder and Schlam of San Francisco, and he left a lengthy and intricate manuscript arrangement of *Carnival of Venice*, which was donated to the Library of Congress in 1933. Today he is best remembered as being the first guitar teacher of Luis T. Romero (1854 - 1893), who was considered by many to have been the foremost American guitarist during the period 1880 - 90. Arévalo's variations on *La Castañera* (Chestnut Seller), his

Violetta Schottische and his duet *La Súplica* (The Request) are presented here. The duet *La Súplica* in E minor was also arranged in a solo edition in A minor by Luis T. Romero, which is included in this author's previous Mel Bay anthology *American Pioneers of the Classic Guitar*. Both versions were originally published in *The Excelsior Guitar Collection* by Oliver Ditson Company in 1890. To facilitate duet reading by saving on page turns, tablature was not included with this work.

Charles De Janon (1834 - 1911)

Born in Cartegena, Colombia, in 1834, Charles De Janon came to New York City with his parents at age six. After first studying both the piano and violin, he took up the guitar at age nine and went on to become one of America's most important guitarists of the mid to late 19th century. Apparently somewhat of a prodigy, De Janon began composing and publishing music for the guitar as early as age sixteen or seventeen. In addition to his nearly one hundred compositions and arrangements, he is also recognized for his popular American edition of Matteo Carcassi's (1792 - 1853) guitar method.

The opening to De Janon's com-

Notas de compositores y música

Miguel S. Arévalo (1899 - 1900?)

Miguel S. Arévalo fue un guitarrista-compositor nacido en España, que vivió en Los Angeles y más tarde en San Francisco. Publico aproximadamente media docena de piezas para guitarra en 1891 con Clark Wise & Bros. de Oakland y con Broder and Schlam de San Francisco, además dejó un manuscrito largo y enrevesado de un arreglo del Carnaval de Venecia, que se donó a la Biblioteca del Congreso en 1933. Hoy se le recuerda principalmente por ser el primer profesor de guitarra de Luis T. Romero (1854 - 1893), quien muchos consideraron ser el mejor guitarrista norteamericano en el periodo 1880 - 90. Aquí presentamos las variaciones de Arévalo de *La Castañera*, su *Violetta Schottische* y el dúo *La Súplica*. Luis T. Romero también hizo un arreglo para una sola guitarra de La Súplica en La menor que está incluida en la antología de este mismo autor *American Pioneers of the Classic Guitar* publicado por Mel Bay. Ambas versiones fueron publicadas originalmente en *The Excelsior Guitar Collection* por Oliver Ditson Company en 1890. Para facilitar la lectura de dos guitarras y evitar vueltas de páginas, no hemos incluido la cifra en esta pieza.

Charles De Janon (1834 - 1911)

Nacido en Cartegena, Colombia, en 1834, Charles De Janon llegó con sus padres a Nueva York cuando tenía seis años. Después de comenzar estudiando el piano y el violín, comenzó a estudiar la guitarra a la edad de nueve años y llegó a ser uno de los más importantes guitarristas americanos en la segunda mitad del siglo XIX. Al parecer era un prodigio y De Janon comenzó a componer y publicar música para la guitarra a los dieciséis o diecisiete años. Además de las casi cien obras y arreglos que publicó, se le reconoce por la publicación de su popular edición americana del método de guitarra de Matteo Carcassi (1792 - 1853).

El principio de la composición de De Janon *Zamora – Bolero*,

position *Zamora - Bolero,* published in 1886, bears a remarkable similarity to the Spanish dance *El Jaleo De Xerex* (Pearl of Jeres), which Manuel Y. Ferrer (1828 - 1904) arranged for solo guitar and published in 1882. One could easily surmise that the latter served as a springboard for De Janon's composition. De Janon was also one of many guitarists of his era to arrange José Arile's popular Spanish song *A Media Noche* (Midnight) for solo guitar. According to turn of the century (1900) American guitarist C.F. Elzear Fiset (1874 - 1966), of De Janon's original compositions, De Janon himself considered his *Polonaise* to be his best work. It was first published in 1881 and later reprinted in the *Half Dollar Series* by Oliver Ditson Co. in 1905.

Manuel Y. Ferrer (1828 - 1904)

Manuel Y. Ferrer was one of the greatest of guitarist/composers living in the United States during the 19th century. Born in Baja, California, in 1828, Ferrer's parents were originally from Spain. According to guitar historian Dr. Peter Danner, Ferrer was by and large self-taught, but around age twenty he studied guitar with the Franciscan friar Narciso Duran (1776 - 1846) at the Mission Santa Barbara. Ferrer moved to San Francisco sometime in the early 1850's where he began to teach and perform. He remained in San Francisco for the rest of his career. His last years were spent in Oakland, California, where his address is listed as 5730 Telegraph Avenue.

Ferrer is noted for his "draw and sweep" method of playing chords. In this method, chords are executed with a simultaneous movement of the thumb and index finger, whereby the thumb strikes the fundamental bass and all other notes are "swept" with the index finger in the opposite direction toward the thumb. Ferrer's published instrumental and vocal compositions and arrangement were issued in a single 227 page edition by Mattius Gray of San Francisco in 1882. It was later reprinted by Oliver Ditson Co. in 1910. Both the pieces *Alexandrina* and *Spanish Mazurka* were originally published in this edition. Ferrer's arrangements of *El Olé, A La Orilla del Ebro Jota* by Catanbide; *Manzanillo* by A.G. Robyn; *El Vito Sevillano* by Hernan; and his own composition *Arbor Villa Mazurka* (1903) were never published and are presented here for the first time. The piece *Manzanillo* was especially popular among many of the fretted in

publicada en 1886, tiene una gran similitud con la danza española *El Jaleo de Jerez* (Perla de Jerez) con un arreglo de Manuel Y. Ferrer (1828 - 1904) para solo de guitarra, publicado en 1882. Se puede fácilmente deducir que esta última pieza sirvió como inspiración para la obra de De Janon. De Janon fue además uno de los muchos guitarristas de su época que hicieron un arreglo de la popular canción *A Media Noche* compuesta para solo de guitarra por José Arile. De acuerdo al guitarrista americano de fines del XIX C.F. Elzear Fiset (1874 - 1966), de las piezas originales que escribió De Janon, él mismo consideró *Polonaise* como su mejor obra. Fue publicada en 1881 y más tarde Oliver Ditson Co. volvió a imprimirla en 1905 en la serie Half Dollar.

Manuel Y. Ferrer (1828 - 1904)

Manuel Y. Ferrer fue uno de los más importantes guitarrista y compositor que vivió en los Estados Unidos durante el siglo XIX. Nació en Baja, California, en 1828 de padres españoles. De acuerdo al historiador de la guitarra Dr. Peter Danner, Ferrer se enseñó él mismo a tocar pero alrededor de veinte años comenzó a estudiarla con el monje Franciscano Narciso Durán (1776 - 1846) en la Misión de Santa Barbara. Ferrer se mudó a San Francisco a principios de la década de los 1850 donde comenzó a dar clases y actuar, permaneciendo en San Francisco el resto de su carrera. Vivió sus últimos años en Oakland, California, donde su dirección se alista como 5730 Telegraph Avenue.

Ferrer es notable por su método de tocar los acordes, con un movimiento simultáneo del pulgar y el índice, el pulgar toca el bajo fundamental y el índice las demás notas del acorde en dirección opuesta, hacia el pulgar, «barriendo» las cuerdas. Una sola edición de 227 páginas por Mattius Gray de San Francisco en 1882 publicó las piezas y arreglos de Ferrer. En 1910 Oliver Ditson Co. volvió a imprimirla. Esta última edición publicó las obras *Alexandrina* y *Mazurca Española* por primera vez. Los arreglos que hizo Ferrer de *El Olé, A La Orilla del Ebro*, jota por Catanbide, *Manzanillo* por A.G. Robyn, *El Vito Sevillano* por Hernan, y su propia pieza *Arbor Villa Mazurca* (1903) no fueron publicadas nunca y se presentan aquí por primera vez. La obra *Manzanillo* fue muy popular en los clubs y orquestas de instrumentos de cuerda que surgieron entre las décadas

strument clubs and orchestras which flourished from the 1890s through 1910s. It appears to have been originally composed for the opera *The Maid of Manzanillo* by Alfred George Robyn (1860-?). The production was billed as "A Mexican Comic Opera" and was first produced in 1893 at the Grand Opera House in St. Louis, Missouri, where Robyn served as music director.

Luis Toribio Romero (1854 - 1893)

Luis T. Romero was considered by many of his time to have been the premier American guitar virtuoso of the late 19th century. Born in Madrid in 1854, Romero, while in his teens, moved with his family to California. Starting guitar lessons while a child in Spain, he resumed them with Miguel S. Arévalo in Los Angeles and later with Manuel Y. Ferrer in San Francisco. He established his career first in San Jose but moved to Boston about 1889 where he died prematurely of pulmonary tuberculosis at age 39. Romero's career was enhanced to a certain extent by the rise of the mandolin, guitar, and banjo clubs, which became popular on college campuses beginning in the 1880's. He assisted Samuel Adelstein in forming the first mandolin orchestra on the Pacific coast in 1887, and in Boston he was for a short time a member of the popular fretted instrument ensemble "The Boston Ideals." He is also noted as being the guest soloist on at least two occasions in New York City when he was sponsored in concert in 1890 by the banjo clubs of Stevens Institute and Columbia College and again in 1891 in a "Banjo, Mandolin and Guitar Concert," sponsored by the fretted instrument clubs of Princeton, Columbia, Haverford and Brown University. His *Compositions* were published by Clark Wise of Oakland, Oliver Ditson Co. of Boston, and Jean White Co. of Boston. Although a great guitarist, Romero was not a prolific composer, and several of his compositions and arrangements are tainted by hints of plagiarism. Romero's arrangement of the piece *Peruvian Air* is one such example. According to Dr. Peter Danner, Romero's *Peruvian Air* was later published in 1906 under the title *Feste Lariane* by the Milan based magazine Il Plettro. It had won an award for the Italian guitarist Luigi Mozzani (1869-1943) who claimed it as his own composition. The piece was also published in Buenos Aires (1907) as *Melodia Nocturna*

de 1890 a 1910. Parece que fue compuesta originalmente para la ópera *The Maid of Manzanillo* por Alfred George Robyn (1860-?). La producción fue descrita como «Una ópera cómica mexicana» y fue producida originalmente en 1893 por la Grand Opera House en St. Louis, Missouri, donde Robyn era su director de música.

Luis Toribio Romero (1854 - 1893)

Luis T. Romero fue considerado por muchos de sus contemporáneos como el mejor virtuoso de la guitarra en América a finales del siglo XIX. Nacido en Madrid en 1854, Romero se mudó a California con su familia en su juventud. Comenzó a tomar lecciones de guitarra cuando era niño en España y continuó con Miguel S. Arévalo en Los Angeles y más tarde con Manuel Y. Ferrer en San Francisco. Estableció su carrera en San José primero y más tarde, en 1889 aproximadamente, se mudó a Boston donde falleció prematuramente de tuberculosis a la edad de 39 años. La carrera de Romero se realzó hasta cierto punto por el incremento de los clubs de mandolina, guitarra y banjo que se hicieron populares en los campus de las universidades a partir de 1880. Ayudó a Samuel Adelstein a formar la primera orquesta de mandolina en la costa del Pacífico en 1887 y en Boston formó parte por un breve tiempo del conjunto de instrumentos de cuerda «The Boston Ideals.» También aparece como solista invitado en al menos dos ocasiones en Nueva York en 1890 patrocinado por los clubs de banjo de Stevens Institute y Columbia College y de nuevo en 1891 en un «Concierto de banjo, mandolina y guitarra» patrocinado por los clubs de instrumentos de cuerda de las universidades de Princeton, Columbia, Haverford y Brown. Su obra *Composiciones* fue publicada por Clark Wise de Oakland, Oliver Ditson Co. de Boston y Jean White Co. de Boston. Aunque fue un gran guitarrista, Romero no fue un compositor prolífico y muchas de sus piezas y arreglos fueron afectados por insinuaciones de plagiarismo. El arreglo que hizo Romero de la pieza *Aire Peruano* es un ejemplo de esto. De acuerdo con Dr. Peter Danner, el *Aire Peruano* de Romero fue publicado más tarde, en 1906, bajo el título *Feste Lariane* por la revista milanesa Il Plettro. Había ganado un premio para el guitarrista italiano Luigi Mozzani (1869-1943) quien reclamó que él la había compuesto. La misma pieza fue publicada también en Buenos Aires (1907)

op. 11 by José Sancho, whose *La Negrita Danza* is presented in this collection. Although Romero is listed only as the arranger of *Peruvian Air*, which was published in 1889, sixteen years before Mozzani's edition and seventeen years before Sancho's, the early 20th century guitarist Vadah Olcott-Bickford claimed that Romero got the piece from their mutual teacher Manuel Y. Ferrer without crediting him. The two other Romero works presented here, *Lejos De Ti*, and *Un Sueño*, are much less controversial, and both serve as fine examples of the Cuban dance the Habanera, whose name was derived from the Spanish pronunciation of the Cuban capital Havana (Habana). Although the piece *Un Sueño* was written with a second guitar part, it may also be rendered quite effectively as a solo piece by playing just the first part; however, to facilitate duet reading by saving on page turns, tablature was not included with this work.

José Sancho (ca. 1900)

Although José Sancho never put roots down in the United States, he spent several years in this country. Born in Valencia, Spain, he made his first appearance in the United States as a member of "The Figaro Spanish Students," a touring group of Spanish musicians whose instrumentation consisted of one guitar, one cello, and about twelve mandolin-like Spanish bandurrias. Already famous throughout most of Europe, they created an enormous sensation when they arrived in New York City on January 1, 1880. Their colorful costumes and novel instrumentation soon inspired several American "Spanish Student" imitators. Instead of using bandurrias, the American groups chose similar, but more familiar Neopolitan mandolins. Thus the mandolin craze of the late 19th century was born, and within a few years mandolin clubs and orchestras began forming on college campuses and in cities across the country.

The original Spanish Students made several tours which criss-crossed the country until 1884. They disbanded in Buenos Aires in 1885. For several years after leaving the group, Sancho toured the Americas, and for a period of time he revisited the United States. It is unclear just how long or where Sancho stayed in the United States; however, he had music published for the guitar in San Francisco in 1889, and later in Boston and New York. His piece *La Negrita Danza* was published by Hugo V. Schlam of New York in 1900. A Bohemian by nature, he appears to have spent his life traveling about the world. He returned to Buenos Aires in 1904 where he published forty works for the guitar. He also published sixteen works in Paris and Italy.

como *Melodía Nocturna op. 11* por José Sancho quien fue el autor de *La Negrita Danza* que presentamos en ésta colección. Aunque Romero aparece solo como arreglista de *Aire Peruano*, que se publicó en 1889, dieciséis años antes que la edición de Mozzani y diecisiete años antes de la de Sancho, el guitarrista de principios de siglo XX Vadah Olcott-Bickford reclamó que Romero tomó la pieza del maestro de ambos Manuel Y. Ferrer sin darle ningún crédito. Las otras dos piezas de Romero que presentamos aquí, *Lejos De Ti* y *Un Sueño* son mucho menos polémicas y muy buenos ejemplos del estilo de Habaneras, que toma el nombre de la capital cubana. Aunque la pieza *Un Sueño* se escribió originalmente para dos guitarras, se ajusta muy bien a un solo tocando solamente la primera parte. Para facilitar la lectura y ahorrar vueltas de páginas, tampoco hemos incluido la cifra en esta pieza.

José Sancho (ca. 1900)

Aunque José Sancho nunca echó raíces en los Estados Unidos, pasó aquí muchos años. Nacido en Valencia, España, apareció por primera vez en los Estados Unidos como miembro de un grupo de músicos españoles en gira llamada «Estudiantina Fígaro,» que consistía en una guitarra, un cello y doce bandurrias, que es un instrumento español parecido a la mandolina. Debido a su fama por toda Europa, crearon una enorme sensación cuando llegaron a Nueva York el 1 de enero de 1880. Sus vestimentas coloridas y nueva instrumentación pronto inspiraron muchas «tunas» imitadoras en América. En vez de usar bandurrias, los grupos americanos usaron las similares pero más conocidas mandolinas napolitanas. Así nació la tremenda popularidad de la mandolina a finales del siglo XIX y en pocos años se formaron muchos clubs y orquestas de este instrumento en campus universitarios y ciudades por todo el país.

La Tuna Española original hizo varias giras recorriendo todo el país hasta 1884. Se disolvió en Buenos Aires en 1885. Por muchos años, después de dejar el grupo, Sancho hizo muchas giras por toda América y por un tiempo volvió a visitar los Estados Unidos. No está muy claro por cuanto tiempo o donde se quedó cuando Sancho visitó los Estados Unidos, sin embargo su música para guitarra se publicó en San Francisco en 1889 y más tarde en Boston y Nueva York. Su pieza *La Negrita Danza* fue publicada por Hugo V. Schlam de Nueva York en 1900. Un bohemio por naturaleza, parece que pasó toda su vida viajando por todo el mundo. Regresó a Buenos Aires en 1904 donde publicó cuarenta obras para guitarra. También publicó dieciséis piezas en París y en Italia.

John B. Coupa (ca. 1840's)

Originally from Spain, John B. Coupa was one of America's finest guitar composers of the 1830s and 40s. Although his dates are unknown, he established his career first in Boston and then settled in New York City sometime around 1840. In the book *Strong on Music: the New York Music Scene in the Days of George Templeton Strong*, edited by Vera Brodsky Lawrence, the author writes:

"Three new guitar virtuosos appeared in New York in 1841 - the Spaniards Benedid and Coupa, who played delightful duets at Benedid's concert in January, and Leopold de Janon, who appeared at J.L. Downe's concert on December 14, playing the guitar and singing two french songs."[2]

John B. Coupa was also an early partner to the American guitar maker Christian Frederick Martin (1796 - 1873), who founded the C.F. Martin Guitar Co. in 1833. Coupa served as Martin's New York distributor after Martin moved his business from New York to Nazareth, Pennsylvania in 1839.

Coupa's composition *Isabel with Variations* (1844) is based on a popular song of the day, which an earlier American publication with English lyrics lists as *The Celebrated Serenade, Isabel*. Whether the work actually originated in Spain, however, is rather questionable. Coupa's Isabel variations along with the piece *Serenade* (1830's) are among his best compositions and are well suited for concert use. Another of his works, his *Sixth Waltz* (1844), has been reproduced in this author's previous Mel Bay edition, *Great American Marches, Polkas, and Grand Concert Waltzes for Acoustic Guitar*, 1997.

Antonio Lopes (ca. 1880s - 90s)

Not much is known about Antonio Lopes, but during the late 19th century, the Brooklyn based, Spanish surnamed Lopes published nearly one hundred works for the guitar as well as for the 5-string banjo (at that time the 5-string banjo was played fingerstyle with gut strings, and it became highly regarded as an "elevated" parlor and concert instrument). The two short works presented here, *Cavatina* and *Rondino*, were extracted from the *Lopes Folio of Guitar Solos* published by Carl Fischer in 1884. Lopes' compositions are all technically quite easy and maintain a simplistic charm.

John B. Coupa (ca. 1840)

Oriundo de España, John B. Coupa fue uno de los mejores compositores de música para guitarra en América en las décadas de los años 1830 y 40. Aunque las fechas exactas no se conocen, estableció su carrera al principio en Boston y más tarde se asentó en Nueva York alrededor de 1840. En el libro *Strong sobre música: la escena musical de Nueva York en los días de George Templeton Strong*, editado por Vera Brodsky Lawrence, el autor escribe:

«Tres nuevos virtuosos de la guitarra aparecieron en Nueva York en 1841 - los españoles Benedid y Coupa, quienes tocaron unos preciosos dúos en el concierto de Benedid en enero y Leopold de Janon, quien apareció en el concierto de J.L. Downe el 14 de diciembre, tocando la guitarra y cantando dos canciones francesas.»[2]

John B. Coupa fue también un socio al principio del constructor de guitarras norteamericano Christian Frederick Martin (1796 - 1873) quien fundó C.F. Martin Guitar Co. en 1833. Coupa fue el distribuidor de Martin en Nueva York después de que Martin mudó su negocio de Nueva York a Nazareth, Pennsylvania, en 1839.

La pieza de Coupa, *Isabel con variaciones* (1844), se basa en una canción popular en su época que una publicación americana anterior con letras en inglés la menciona como *La celebrada serenata, Isabel*. Se duda sin embargo que la pieza se originara en España. Las variaciones de Isabel de Coupa junto con *Serenata* (1830) se encuentran entre sus mejores composiciones y se prestan muy bien para usarse en conciertos. Otra de sus piezas, su *Sexto vals* (1844), fue publicado en la obra de este autor, *Great American Marches, Polkas, and Grand Concert Waltzes for Acoustic Guitar*, por Mel Bay en 1997.

Antonio Lopes (ca. 1880 - 90)

No se sabe mucho sobre Antonio Lopes, pero a fines del siglo XIX un español llamado Lopes residente en Brooklyn, publicó casi cien piezas para guitarra y el banjo de 5 cuerdas (en aquel tiempo, el banjo de 5 cuerdas de tripa se tocaba con los dedos, al igual que la guitarra y estaba muy bien apreciado como instrumento de concierto). Las dos piezas cortas que aquí presentamos, *Cavatina* y *Rondino*, provienen del *Lopes Folio of Guitar Solos* publicado por Carl Fischer en 1884. Las obras de Lopes son muy sencillas técnicamente y mantienen un atractivo simple.

---

[2] Knowing that Charles de Janon (1834 - 1911) came to New York City with his parents at age six (1840) it is quite probable that Leopold De Janon may have been his father or an older brother.

[2] Sabiendo que Charles de Janon (1834 - 1911) llegó a Nueva York con sus padres a la edad de seis años (1840) es probable que Leopold De Janon hubiese sido su padre o un hermano mayor.

José De Anguera (1810 - 1882)

Although a relatively minor figure in the history of the American guitar, the life of José De Anguera is one of the few early American guitarists who has been thoroughly documented. The story of José De Anguera is fascinating, and some tales of this life read like episodes from a boy's adventure novel. A condensed account as chronicled by his great grandson, Philip De Anguera, follows.

According to Philip De Anguera (who received his information from his grandfather, great uncle and cousin), José De Anguera was born on June 3rd, 1810, in Reus, Spain, and was given the name José. "He was solidly built, muscular, with a pleasing smile, dark auburn hair and blue eyes, which was rare for a Spaniard." The youngest of five children of a wealthy Spanish aristocrat, his father had received a title of nobility and coat of arms from the King of Spain.

At an early age, José was given a flute, and this became the first of many musical instruments which he eventually mastered. He was educated sixty miles away from Reus in Barcelona, and upon reaching the age where he was to begin preparing for his profession, he discovered that his parents intended to send him to a monastery to study for the priesthood. This distressed the young Anguera, and he vowed to run away.

In 1829 when José was nineteen, he and two of his friends ran off and joined the Spanish army, which was about to be sent to Mexico. Mexico had declared its independence in 1824 but was in debt to Spain. To facilitate the collection of this debt and to deal with the Mexican General Santa Anna, who had become something of an insurgent in this matter, the Spanish army was sent to Vera Cruz, Mexico, where they did battle with General Santa Anna's army. José de Anguera was wounded in two separate battles. He and his two friends were eventually captured, taken prisoner, and held for nine months in a Mexican prison. In an exchange of prisoners with the Spanish, they were finally set free and told never to enter the ranks again to fight against the Mexican soldiers. However, within a week, Anguera and his two friends were again in battle, and again they were captured. This time they were condemned to the firing squad. On the night before the three were about to be executed, a man on

José De Anguera (1810 - 1882)

Aunque fue una figura menor en la historia de la guitarra en América, la vida de José De Anguera es una de las pocas de esta época que ha sido ampliamente documentada. La historia de José De Anguera es fascinante y parte de su vida se lee como episodios de una novela juvenil de aventuras. A continuación condensamos un relato escrito por su biznieto Philip De Anguera.

De acuerdo a Philip De Anguera (quien recibió su información de su abuelo, tíos y primos), José De Anguera nació el 3 de junio de 1810 en Reus, España. «Era muscular, con un físico sólido, una sonrisa agradable, pelo castaño y ojos azules, que era raro para un español.» Era el más pequeño de los cinco hijos de un rico aristócrata español quien recibió un título de nobleza y su escudo directamente del rey de España.

Cuando era muy pequeño, José recibió una flauta y este fue el primero de los muchos instrumentos de música que llegó a dominar. Recibió su educación a 90 kms de Reus, en Barcelona, y al llegar a la edad en que tenía que comenzar su preparación profesional, descubrió que sus padres iban a enviarlo a un monasterio para estudiar para sacerdote. Esto desconsoló a joven Anguera y prometió escaparse.

En 1829, cuando José tenía diecinueve años, él y dos de sus amigos se escaparon, se apuntaron al ejército español y fueron enviados a México. En aquel entonces, México había declarado su independencia en 1824, pero tenía deudas con España. Para cobrar esta deuda y lidiar con el general mexicano Santa Ana quien se había convertido en un insurgente en esta materia, España envió al ejército a Veracruz, México, donde combatieron con el ejército del general Santa Ana. José de Anguera fue herido en dos distintas batallas. Eventualmente, él y sus dos amigos fueron capturados y enviados a una prisión por nueve meses. En un intercambio de prisioneros con los españoles, lo pusieron en libertad y le ordenaron no volver a pelear contra los soldados mexicanos. Sin embargo, una semana más tarde Anguera y sus dos amigos se encontraban otra vez en una batalla y de nuevo fueron capturados. Esta vez fueron condenados a ser fusilados. La noche antes del fusilamiento, un hombre montado en un caballo llegó

horseback came galloping into the camp waving his arms to get the attention of the General. In his hand he held an order which stated that the three Spanish soldiers were to be set free in exchange for the release of three Mexican Generals captured by the Spanish army. The exchange had undoubtedly been influenced by the prominence of the boys' families who must have learned of their plight.

Anguera and his two friends were placed in the custody of their enlisted commander and were ordered to be sent back to Spain. To ensure the boys safety while they waited to be shipped back to Spain, they were placed under strict watch at Moro Castle in Havana. Nevertheless, in the spirit of adventure, the boys managed to stowaway aboard the U.S. Frigate ship Brandywine, anchored in the Havana harbor. This was extremely risky because there was a war still going on and they could have been shot for deserting.

When the American ship eventually docked with the stowaways at Fortress Monroe, Virginia, the three boys were taken to see George Hooper, the "Master of the Port." Mr. Hooper was moved by the boys situation and took them into his home. Unable to converse in English, the boys were sent to the fort's Italian bandmaster who was able to understand them. The bandmaster, in need of recruits, gave each of them an instrument and taught them how to play. José was given a slide trombone, which at that time was still somewhat of a novelty among bands and orchestras. José practiced diligently and within a short time entered the fort's band as a salaried member.

José quickly established himself with the band, and he soon became one of the band's featured soloists. It was during his time with the fort band that José fell in love with and married Mr. Hooper's daughter Julia Hooper.

Starting their married life in Philadelphia, José became the trombonist with the Chestnut Street Theatre Orchestra. By now a highly accomplished trombonist, he was soon recruited to join the Park Theatre Orchestra in New York City, which at that time was the largest and most distinguished theater in the country.

Sometime around 1839, he left New York and moved to Boston where he joined the Boston Theatre Orchestra. He was apparently so skillful at sight-reading that he became the only orchestra member to be exempt from rehearsals. In addition to the Boston Theatre Orchestra, De Anguera also performed with the Boston Brigade Band, The Bond's Band, The Handel, and Haydn Society Orchestra, the Tremont Theatre

galopando al campamento, moviendo sus brazos para llamar la atención del general. En su mano llevaba un edicto que ordenaba que pusieran en libertad a los tres españoles en un intercambio por la libertad de tres generales mexicanos capturados por la armada española. Sin duda, este intercambio fue influenciado por las familias de los jóvenes que se habían enterado de alguna manera de sus apuros.

Anguera y sus dos compañeros fueron puestos en la custodia de su comandante y bajo orden de regresar a España. Para garantizar su seguridad mientras esperaban el embarque de regreso a España, los pusieron bajo estricta guardia en el castillo del Moro en La Habana. Sin embargo, con el espíritu tan aventurero que tenían se escaparon y se metieron como polizontes abordo de la fragata de los Estados Unidos «Brandywine» anclada en el puerto de La Habana. Esto suponía un riesgo enorme ya que había una guerra y los podían fusilar por desertores.

Cuando el buque americano con sus tres polizontes eventualmente ancló en el Fuerte Monroe, Virginia, llevaron a los tres jóvenes a ver a George Hooper, el comandante del puerto. Mr. Hooper se impresionó por la situación de los chicos y los llevó a su propia casa. Como no podían conversar en inglés, envió a los jóvenes al director de la banda del fuerte, un italiano que se entendía bien con ellos. Como necesitaban músicos, el director les asignó a cada uno un instrumento y los enseñó a tocar. A José le entregó un trombón, que en aquel entonces era una novedad todavía entre las orquestas y bandas. José practicó con diligencia y en un breve tiempo llegó a formar parte de la banda como miembro con salario.

José se estableció rápidamente con la banda y pronto llegó a ser uno de los solistas más apreciado. Fue durante este tiempo en que tocaba con la banda cuando José se enamoró y se casó con la hija de Mr. Hooper, Julia Hooper.

Comenzaron su vida de casados en Filadelfia y José empezó como trombón del *Chestnut Street Theatre Orchestra*. En este tiempo, ya muy bien reconocido con el trombón, pronto lo contrataron para tocar con *Park Theatre Orchestra* en Nueva York, que en aquel entonces era el teatro más grande y distinguido de todo el país.

Alrededor de 1839, dejó Nueva York y se mudó a Boston donde se unió a la orquesta del *Boston Theatre*. Aparentemente podía leer la música tan bien que fue el único miembro de la orquesta exento de tener que ir a ensayar. Además de tocar con la *Boston Theatre Orchestra,* De Anguera también actuó con *Boston Brigade Band, The Bond's Band, The Handel and Haydn Society Orchestra, Tremont Theatre Orchestra* y enseñó a la

Orchestra; and for the U.S. Government, he trained the band at the Charleston Navy Yard.

It was shortly after moving to Boston that he took up the study of the guitar. As a musician with a growing family, developing a proficiency on the guitar was viewed as another means of increasing his income. He later also became accomplished at both the harp and piano. His wife claimed that many a night he would return from playing at the theater and would then begin practicing until daylight on the guitar. After a while he began to take on a few pupils, gradually gaining recognition as a distinguished teacher and performer on the guitar. It is said that he eventually became one of the most celebrated guitarists of his day, and people came to Boston from all over the country to study with him.

As a much sought after musician and teacher of guitar, trombone, harp, piano, and voice, Anguera lived a prosperous life. He owned a twenty-two acre estate in what is now Wakefield, Massachusetts, where he and his wife had eleven children, five of whom unfortunately died in childhood. A faculty member of the New England Conservatory, he taught harp there from 1868 until his death in 1882, and he also taught at a ladies seminary at West Medford near Boston.

Anguera composed approximately two dozen works for the guitar during the 1840s. His arrangement of the Spanish folk song and dance *La Cachucha* and his arrangement of *The Celebrated Spanish Retreat* are presented here. The Cachucha was a Spanish dance in 3/8 meter similar to the Bolero. Originally a vocal piece performed with an accompaniment of castanets and guitars, it appears to have served as an early form of Flamenco, and De Anguera includes an early example of a simple rasgueado technique within this piece. In his Soundboard magazine column "Return With Us Now," Peter Danner wrote:

"La Cachucha was made famous in the 1830's when the celebrated Viennese ballerina Fanny Elssler danced it for the first time during the premier performance of *Le Diable Boiteux* (Paris Opera, June 1, 1836). It quickly became her most famous dance, and she performed it wherever she went."[3]

Although numerous editions of "The Spanish Retreat" were published for guitar throughout the 19th century, Anguera's edition published in 1843 is unique for its use of C tuning across the three bass strings. The work is a programmatic piece written to imitate the sounds of a military marching band. Anguera's performance directions to the piece are as follows:

Un poco después de llegar a Boston comenzó a estudiar la guitarra. Como músico con una familia creciendo, aprender a tocar la guitarra representaba otro medio de incrementar sus ingresos. Más tarde también llegó a dominar el arpa y el piano. Su esposa mencionó que muchas noches, después de regresar de tocar en el teatro, comenzaba a practicar con la guitarra hasta el amanecer. Después de un tiempo, comenzó a enseñar a unos pocos estudiantes, ganando reconocimiento gradualmente como distinguido maestro y tocador de guitarra. Se dice que eventualmente llegó a ser uno de los más famosos guitarristas de su tiempo y la gente vino a Boston de todo el país para estudiar con él.

Como músico y profesor de guitarra, trombón, arpa, piano y canto en mucha demanda, Anguera vivió una vida próspera. Era dueño de una finca de 22 acres en lo que ahora es Wakefield, Massachusetts, donde él y su esposa tuvieron once hijos, desgraciadamente cinco de ellos murieron en su niñez. Fue miembro de la facultad del conservatorio de New England, donde enseñó arpa desde 1868 hasta su fallecimiento en 1882, además enseño en un seminario para mujeres en West Medford, cerca de Boston.

Anguera compuso aproximadamente dos docenas de piezas para guitarra en la década de 1840. Presentamos aquí el arreglo de la danza popular española *La Cachucha* y el arreglo de *La Celebrada Retreta Española*. La Cachucha era una danza española en compás de 3 por 8 similar al bolero. Originalmente fue una pieza de canto con acompañamiento de castañuelas y guitarra y parece haber servido como ejemplo de una forma nueva de flamenco. De Anguera incluye un ejemplo de una técnica simple de rasgueado en esta pieza. En su columna *Return With Us Now* de la revista Soundboard, Peter Danner escribió:

«La Cachucha se hizo famosa en la década de 1830 cuando la famosa bailarina de Viena Fanny Elssler la bailó por primera vez en la presentación de *Le Diable Boiteux* (Ópera de París, Junio 1, 1836), pronto se hizo su danza más popular y la bailó en todas sus actuaciones.»[3]

Aunque se han publicado numerosas ediciones de *Retreta Española* para la guitarra durante el siglo XIX, la edición de Anguera publicada en 1843 es única por el uso de afinamiento en Do de las tres cuerdas más bajas. La pieza está escrita para imitar los sonidos de una banda militar en una marcha. Las directivas que da Anguera para la ejecución de la pieza es como sigue:

---

[3] See La Cachucha, Peter Danner, Soundboard, VII/2

[3] Véase *La Cachucha*, Peter Danner, Soundboard, VII/2

"This piece is intended as an imitation of the advance and retreat of a full military band. It is supposed at first to be a great distance, gradually drawing nearer, and then passing off again, Therefore, at the commencement it is to be played very softly, increasing in boldness as it progresses, until the instrument is played as loud as it is capable, and then gradually decreasing to the softness with which it commenced."

«Esta pieza pretende imitar el avance y la retreta de una banda militar entera. Supone estar a gran distancia al principio, acercándose gradualmente y pasando de nuevo a la distancia. Así que al principio debe tocarse muy suavemente, subiendo el volumen gradualmente hasta tocarse lo más fuerte que pueda el instrumento y después suavizando hasta la suavidad con que se empieza.»

Tune the guitar as indicated:

Afínese la guitarra como sigue:

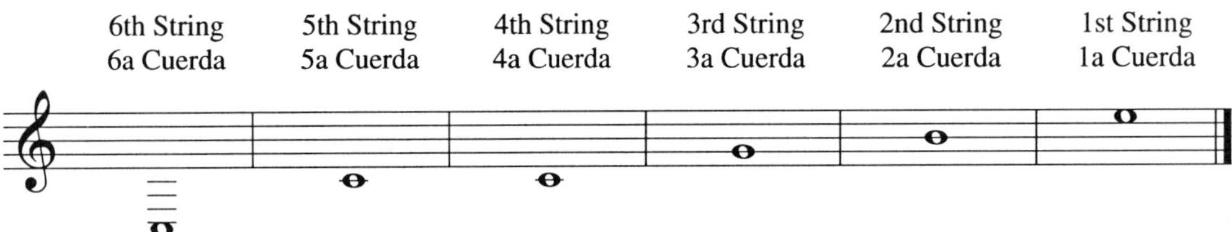

To produce the proper effect, play those parts marked "Horns" with the edge of the right hand resting firmly across the strings at the edge of the bridge of the guitar, as by so doing the tone is muffled. (Pizzicato)

Para producir el efecto correcto, tóquese las partes que indiquen "Horns" (cuernos) con el canto de la mano derecha descansando firmemente sobre las cuerdas junto al puente de la guitarra para apagar el tono. (Pizzicato)

The harmonics imitate the sound of bugles. When a single note occurs it is to be played with the 4th string; when two the 4th and 5th; and when three, the 4th, 5th and 6th. The figures under the harmonics indicate the frets to be used. *Editor's note – modern players may wish to use* i *and* m *and sweep with the thumb.*

Los harmónicos imitan el sonido de las cornetas (bugles.) Cuando sea una sola nota, tóquese con la 4a cuerda; cuando sean dos notas, la 4a y 5a; con tres notas, la 4a , 5a y 6a. Los números bajo los harmónicos indican el traste que se debe usar. *Nota del editor – en versión moderna se pueden usar* i y m y rasguear con el pulgar.*

At this mark "loco" (the thumb sweeps the strings from the 6th to the 1st) the first finger sweeps the 1st, 2nd, and 3rd strings. *Editor's note – players may find an* i *finger sweep produces a more intense effect.*

En esta marca (el pulgar rasguea las cuerdas de la sexta a la prima) el índice rasguea la prima, segunda y tercera cuerda. *Nota del editor – algunos creen que el rasgueo con el* i *produce un efecto más intenso.*

The basses, whether one, two, or three notes, must always be played with the thumb, excepting the Drum part, which must be played by drumming with the thumb across the string.

Los bajos, tanto de una, dos o tres notas, deben tocarse siempre con el pulgar, excepto por la parte del tambor (drum) que debe interpretarse tocando con el pulgar a través de las cuerdas.»

Editor's note:

Players wishing to embellish the opening of this piece may want to also add a snare drum effect, which can be produced by overlapping the 5th and 6th strings and holding them down at the 9th fret. Hold the right hand index finger (i) and thumb (p) together as if holding a pick and alternate up and down strokes using the back of the nail across the strings to produce the rhythmic effect of drum rolls as heard in a military drum corp.

Nota del editor:

Los guitarristas que quieran adornar el principio de esta pieza, pueden añadir un efecto de tambor que se puede producir superponiendo la quinta y sexta cuerdas agarrándolas en el noveno traste. Junte el pulgar e índice como si sujetaran una púa y alterne tocando hacia arriba y abajo con la parte trasera de la uña para producir el efecto rítmico de un retoque de tambor como se oye en una banda militar.

The Selections
Las Canciones

La Castañera

Spanish Song

With variations

M.S. Arévalo

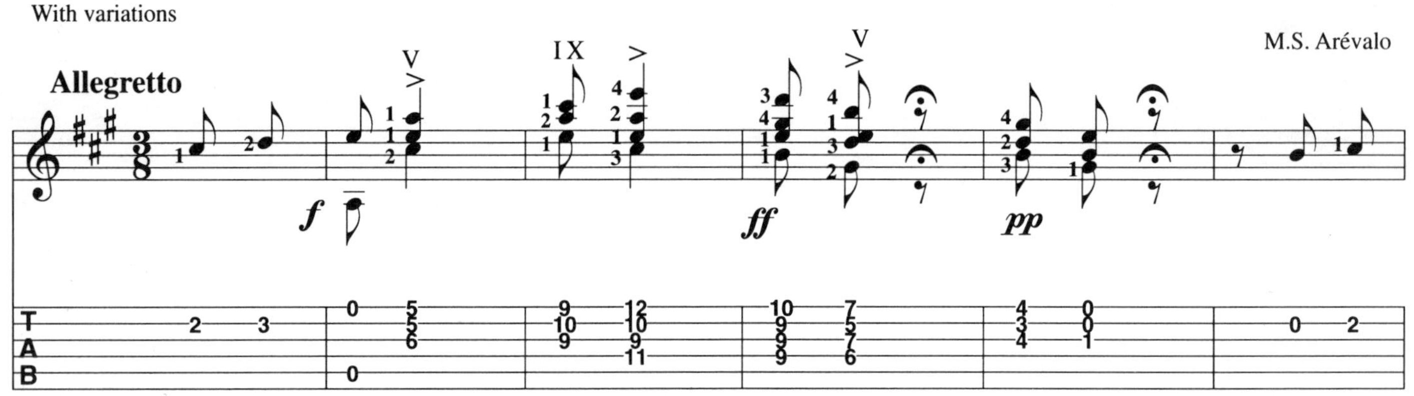

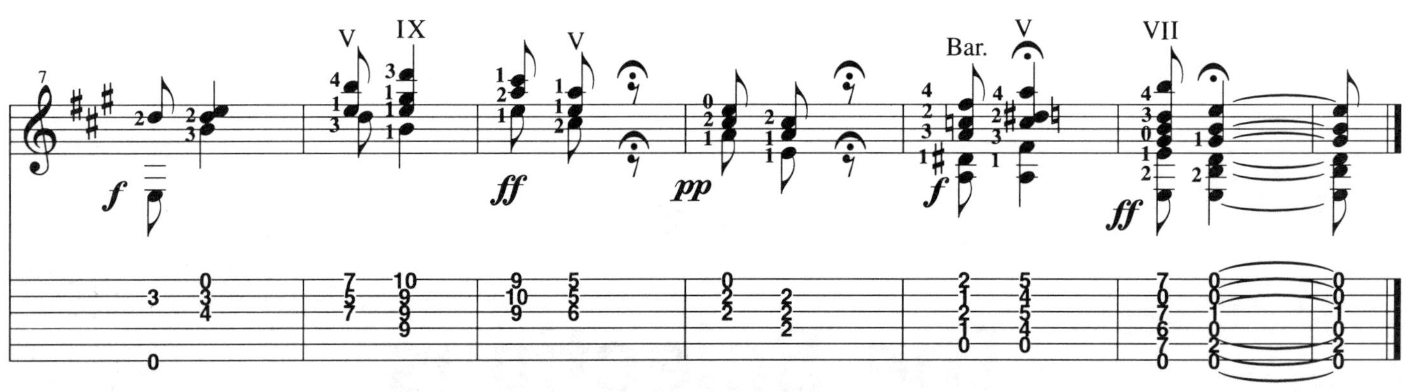

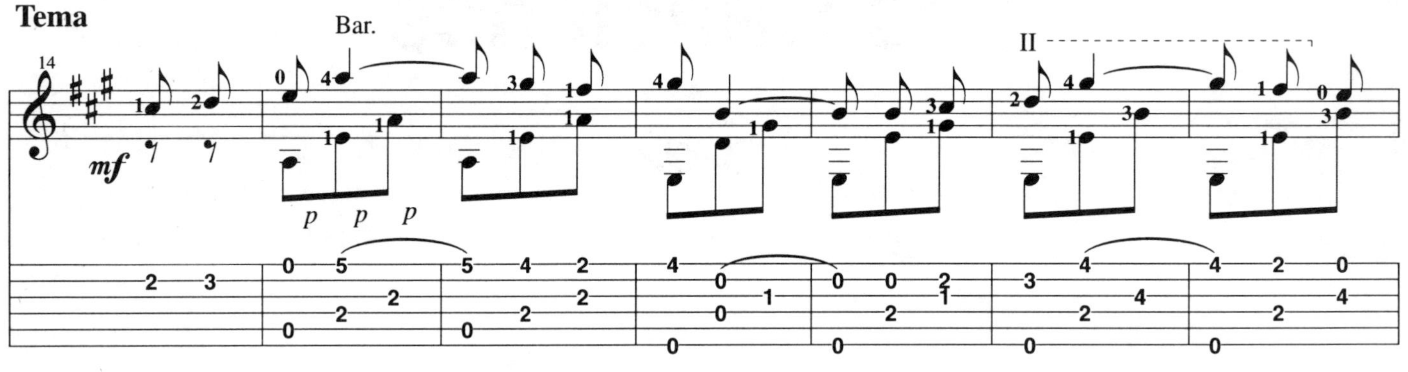

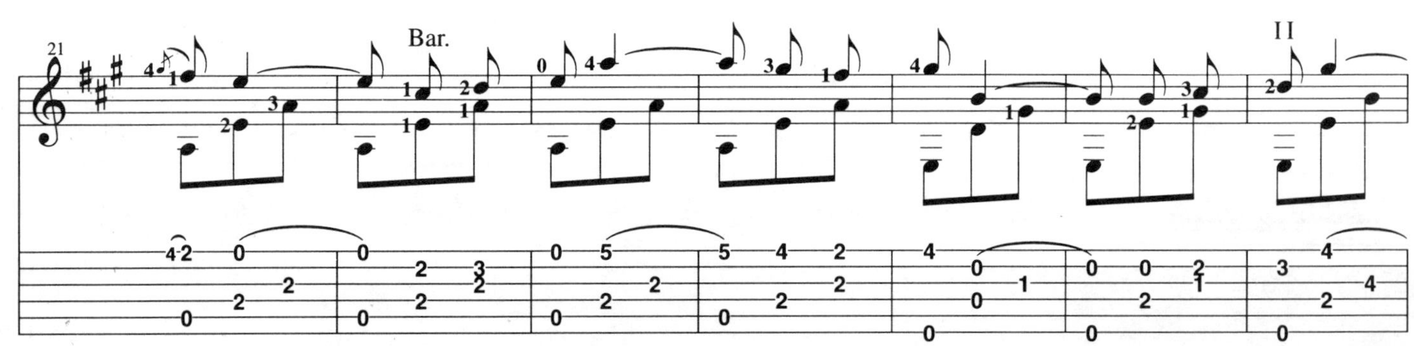

28
II
R.H. Harm.
p

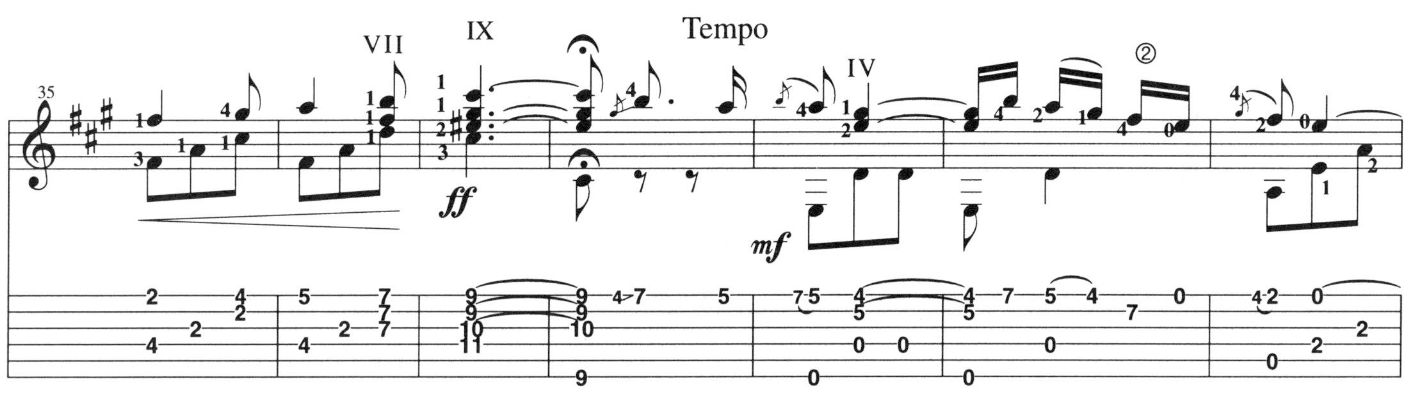

35
VII
IX
Tempo
IV
②
ff
mf

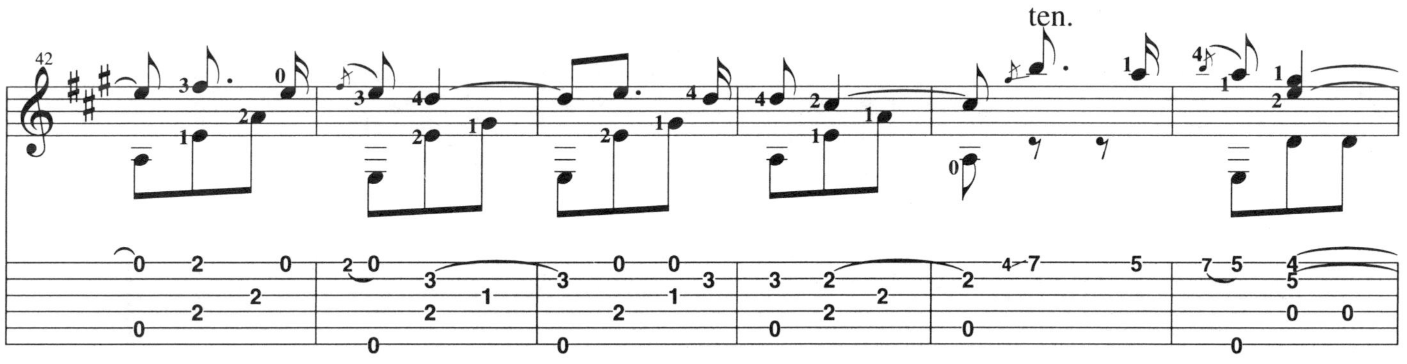

42
ten.

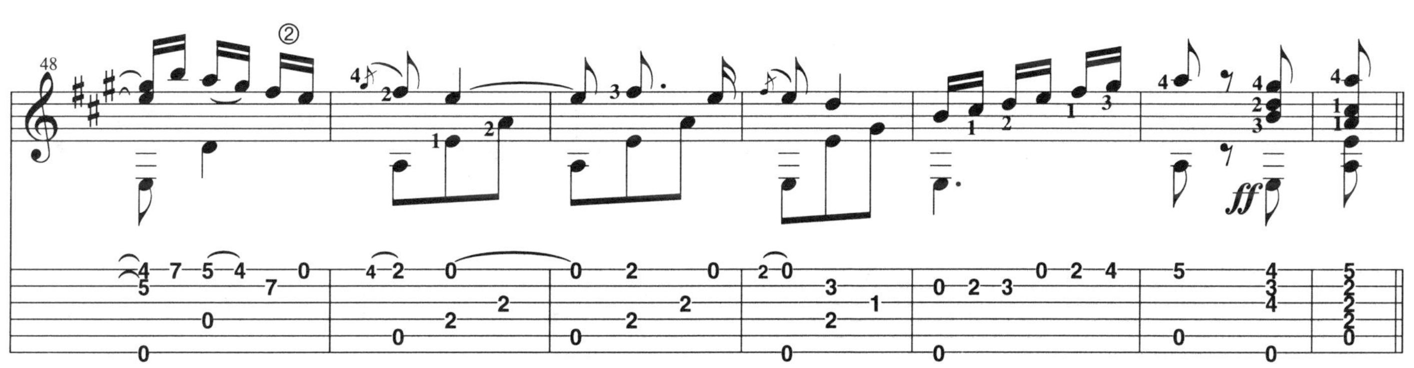

48
②
ff

Var 1

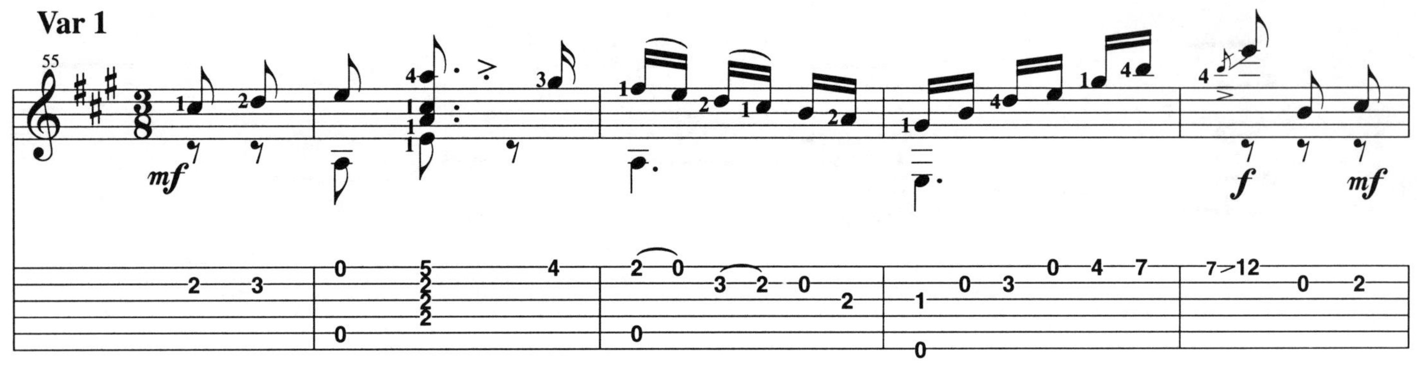

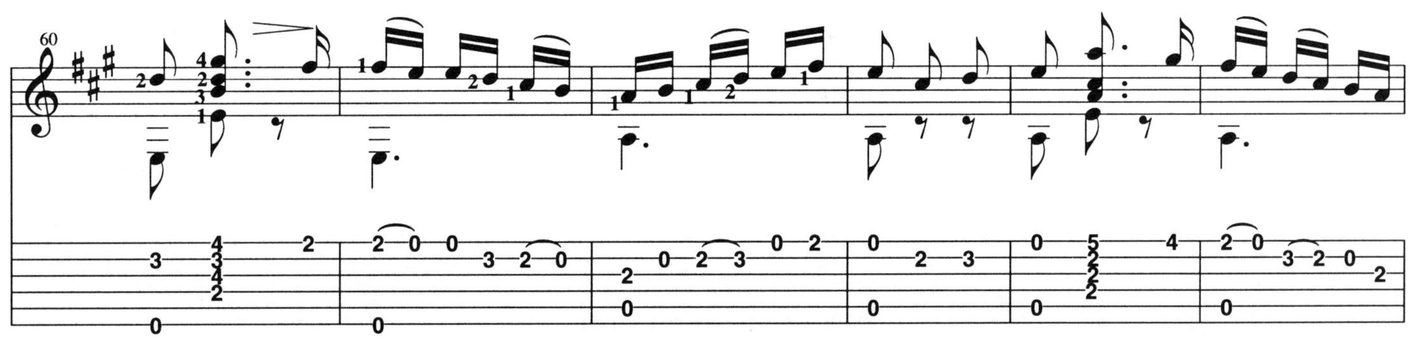

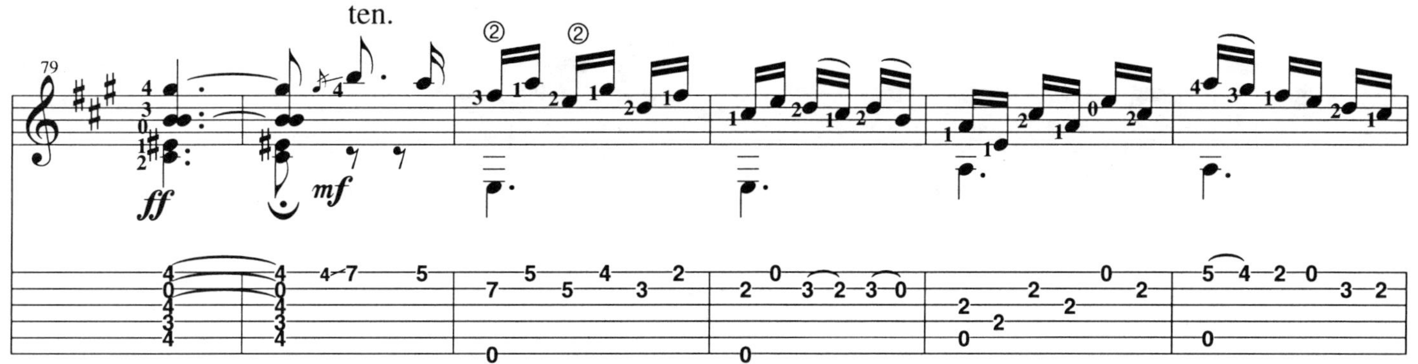

ten.
② ②
79
ff mf

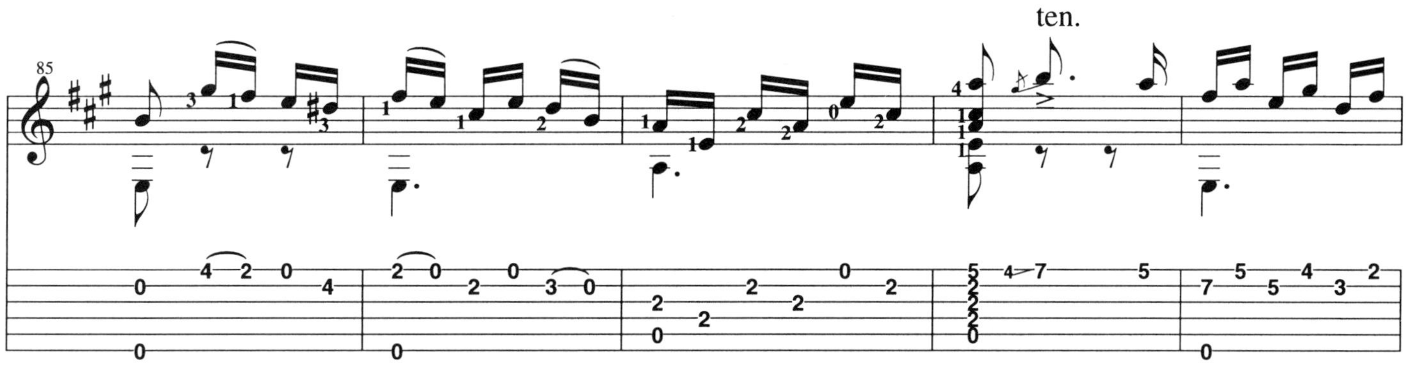

ten.
85

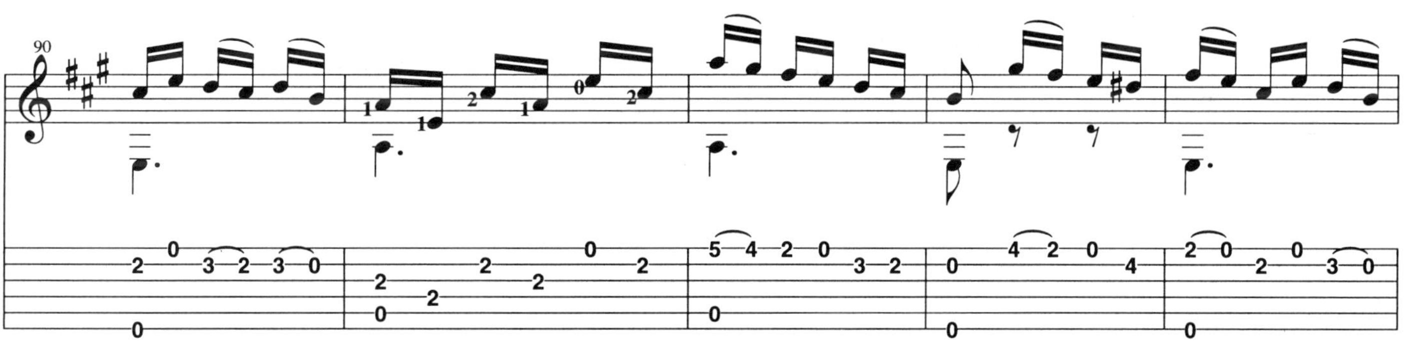

90

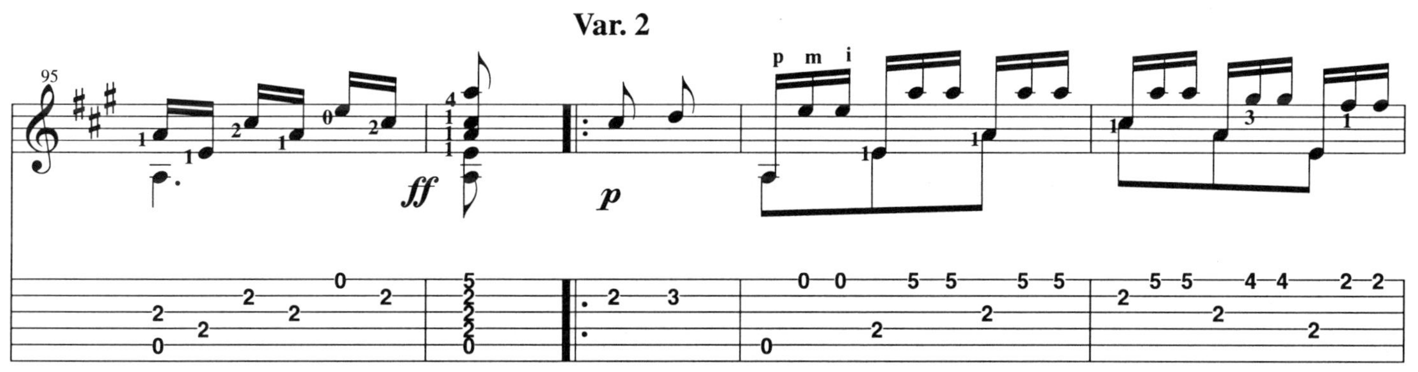

Var. 2
p m i
95
ff p

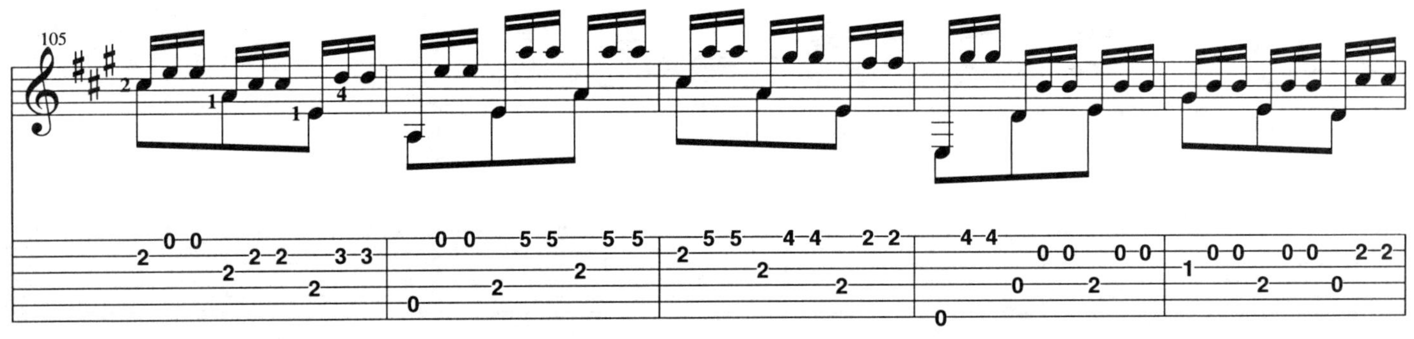
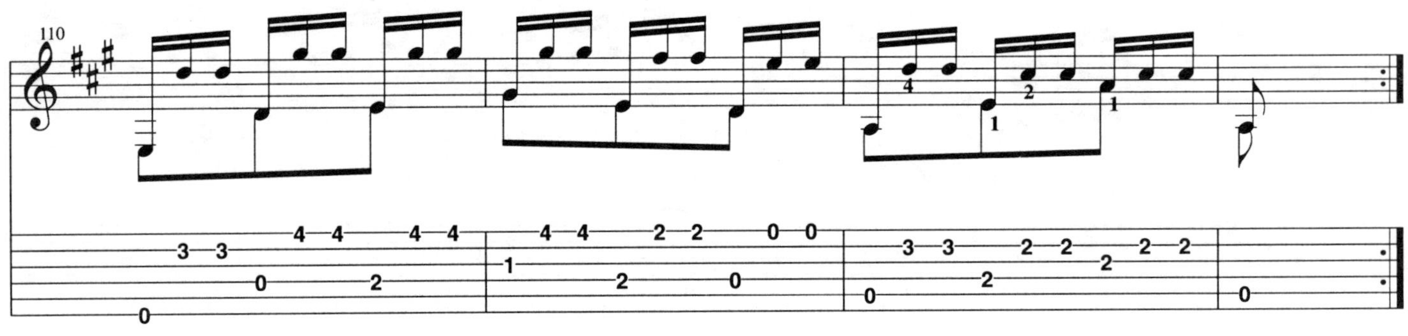

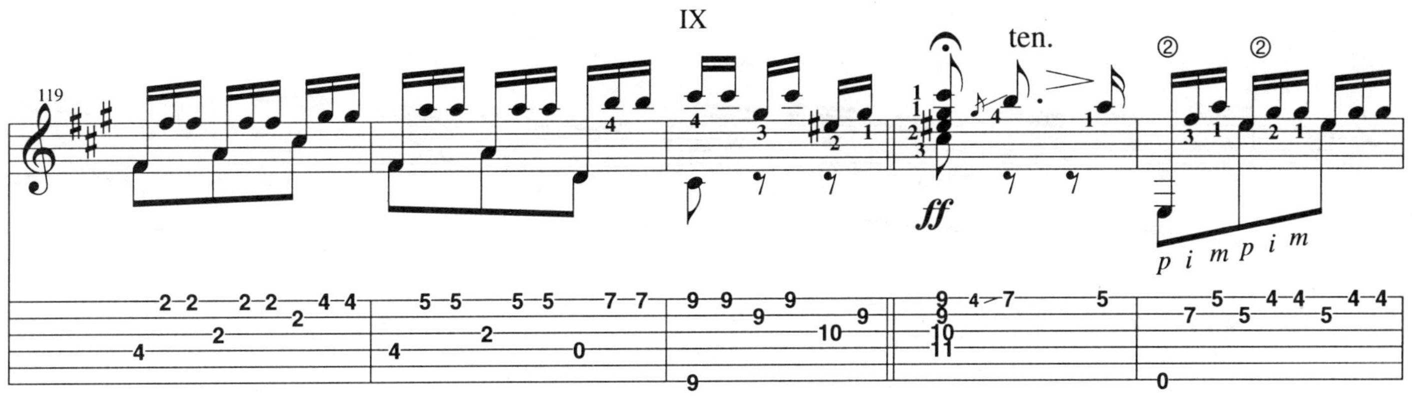
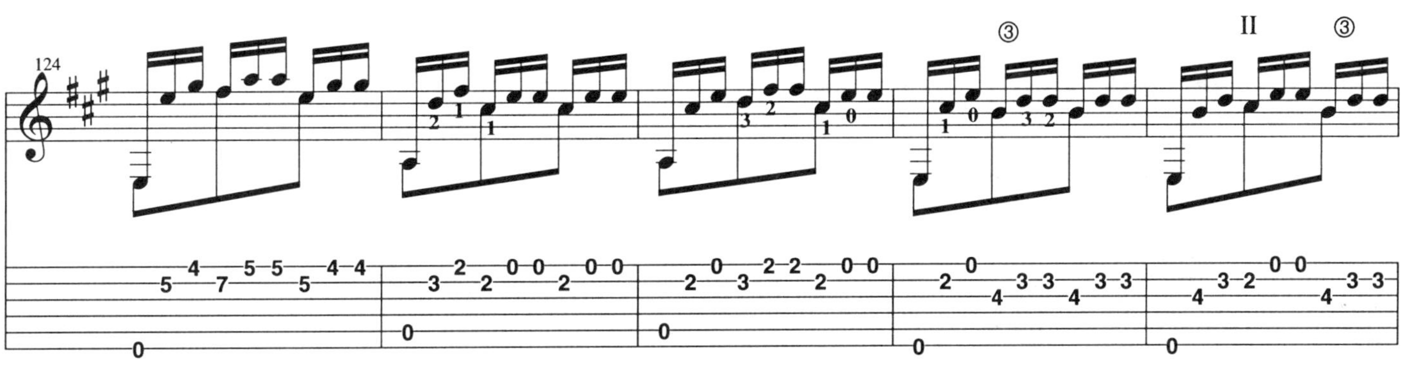
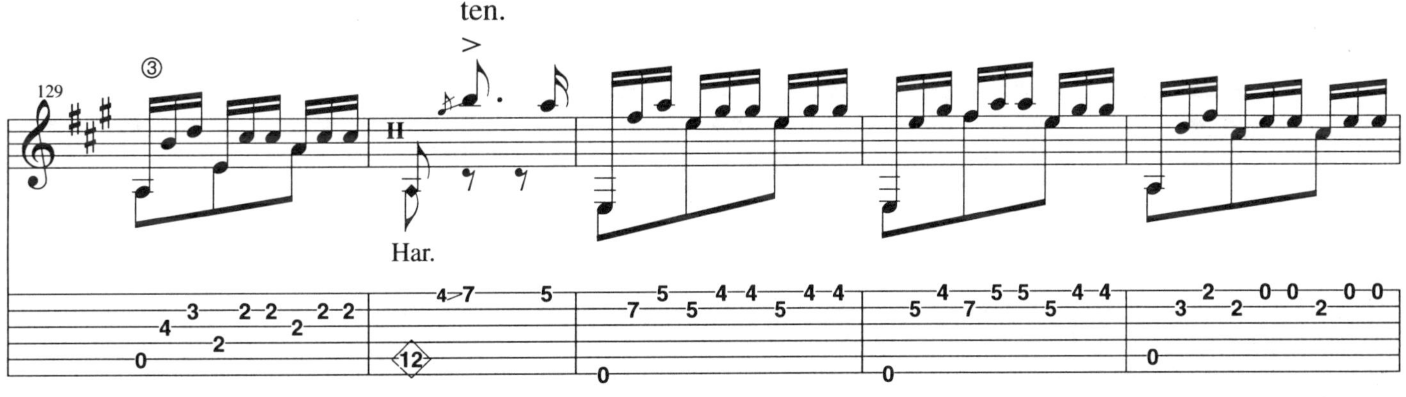
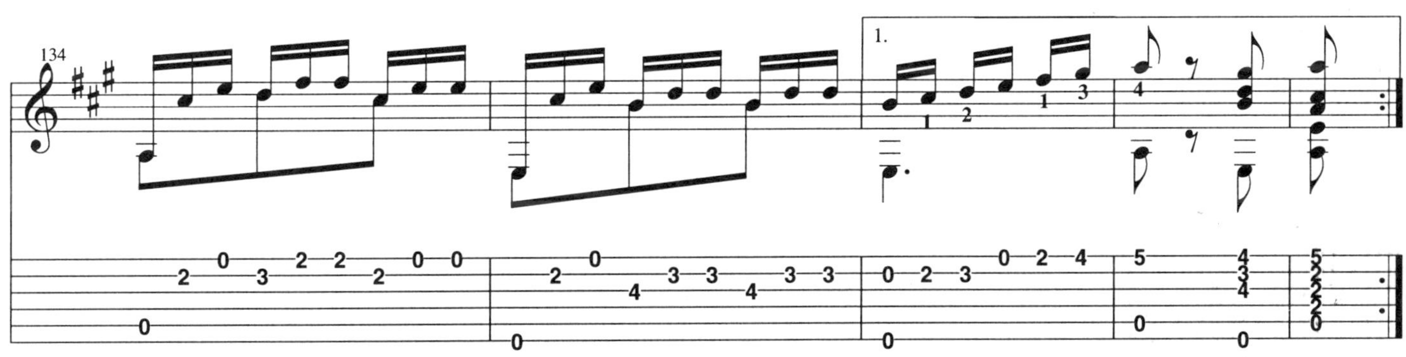

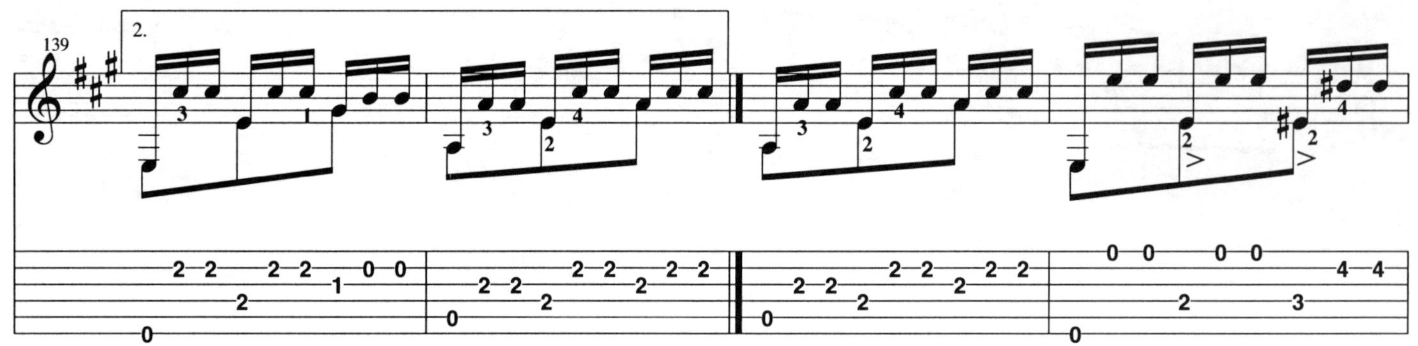

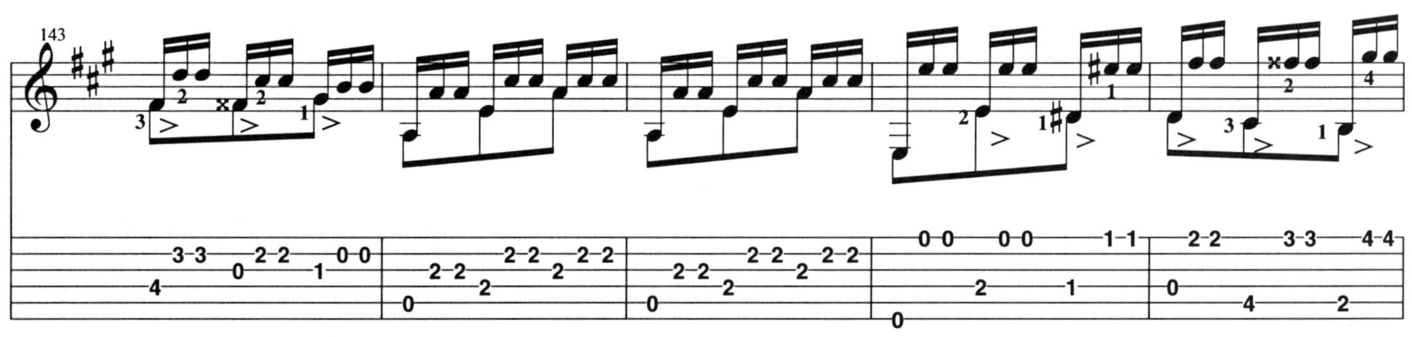

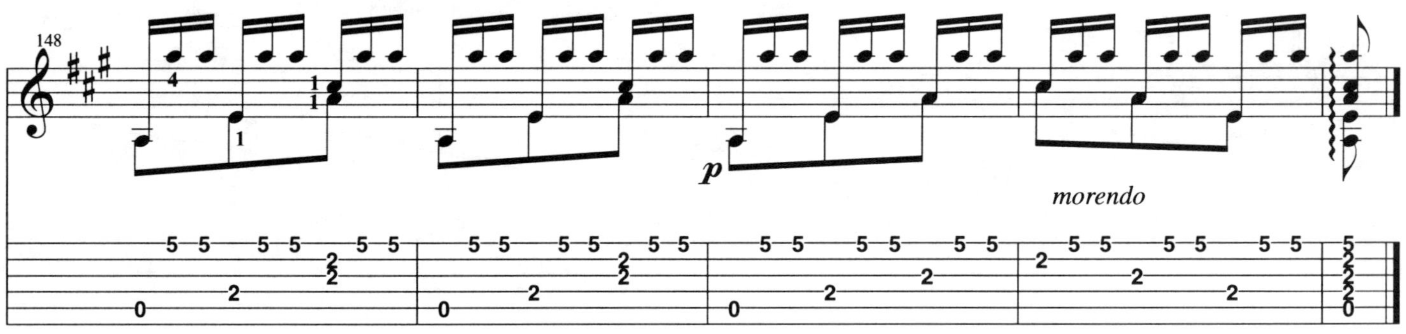
p
morendo

Violetta Schottische

M.S. Arévalo

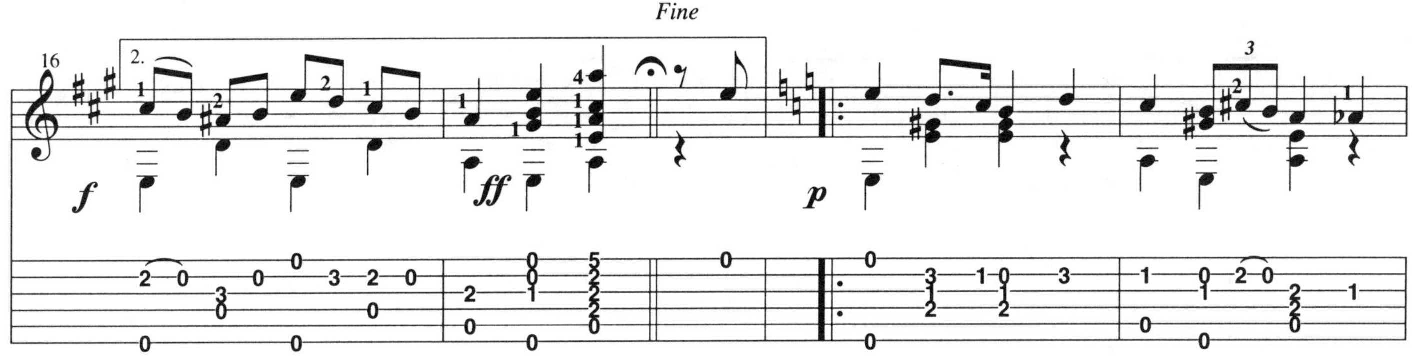

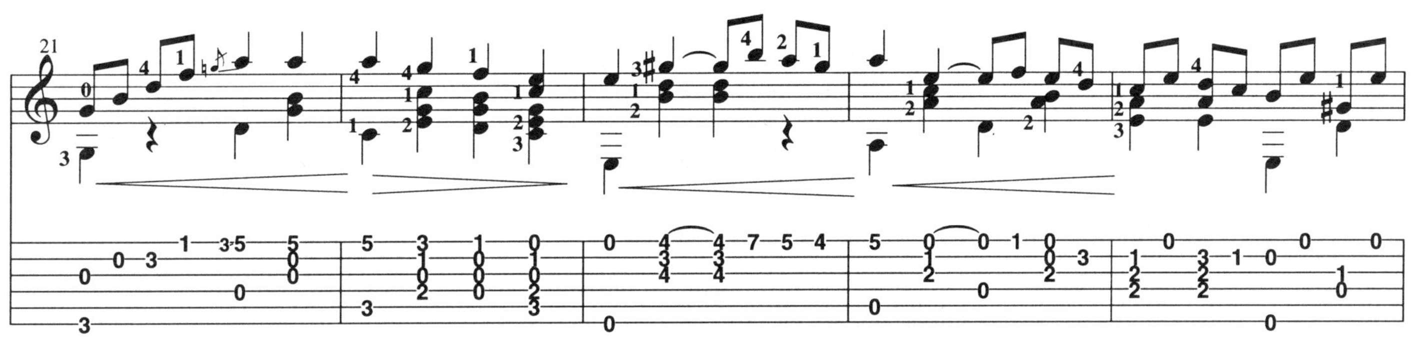

Bar

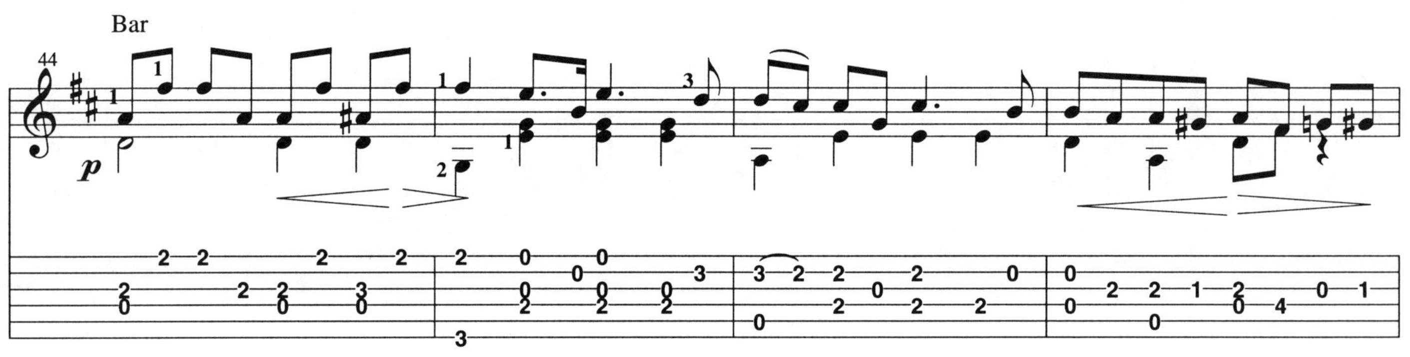

Bar

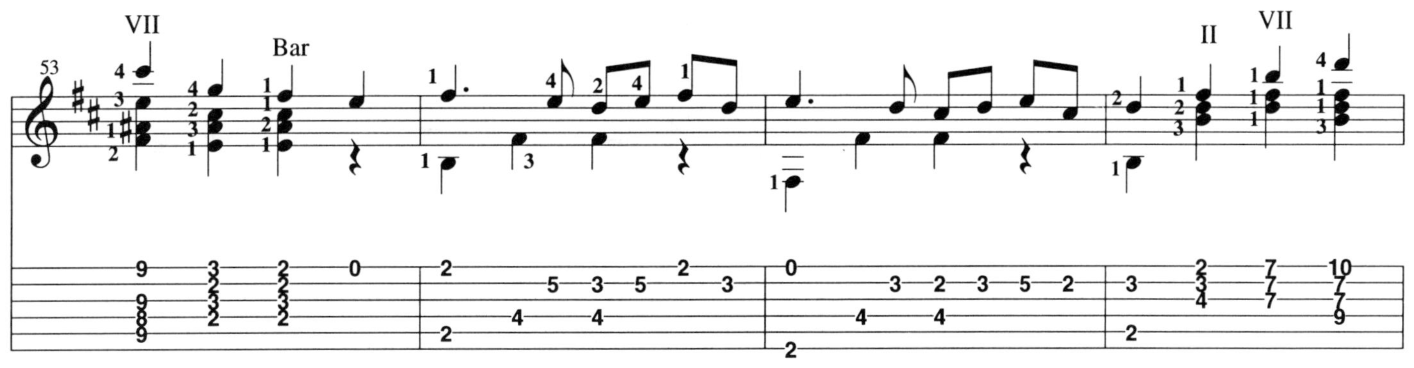

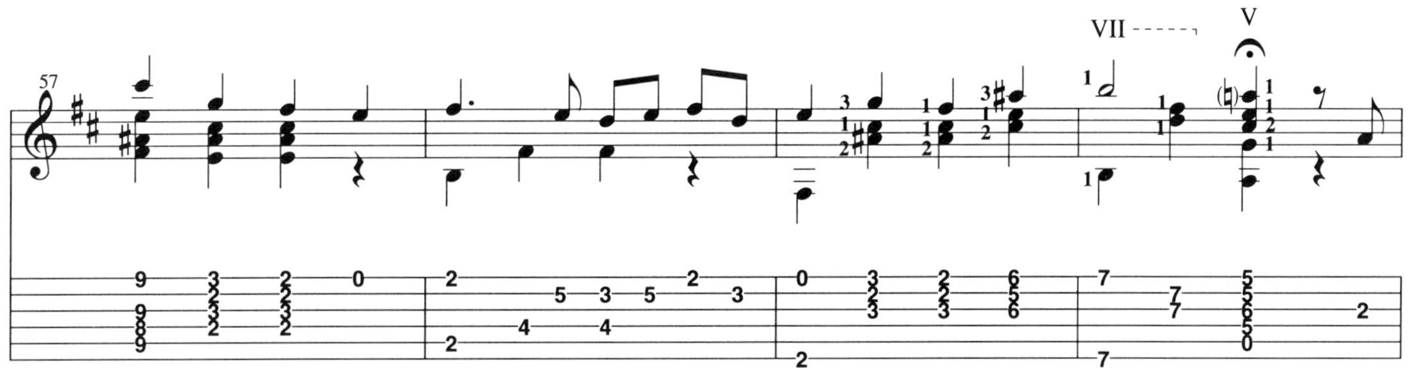

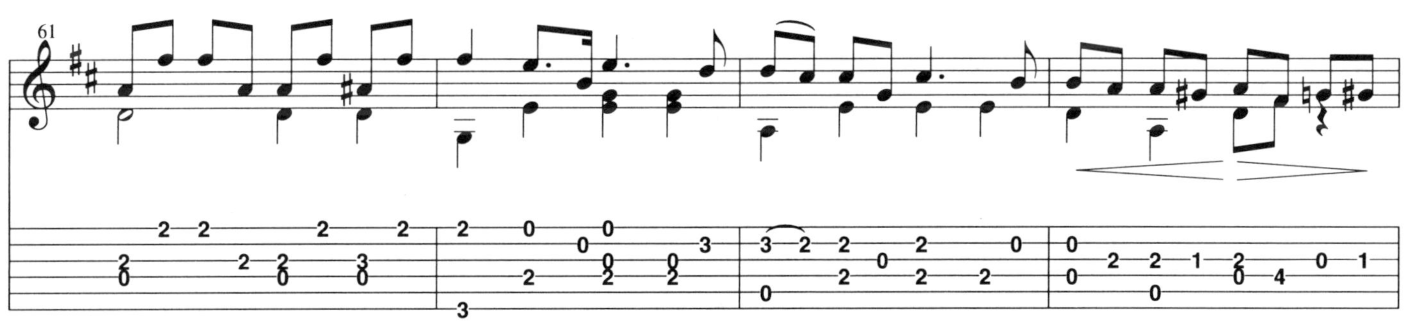

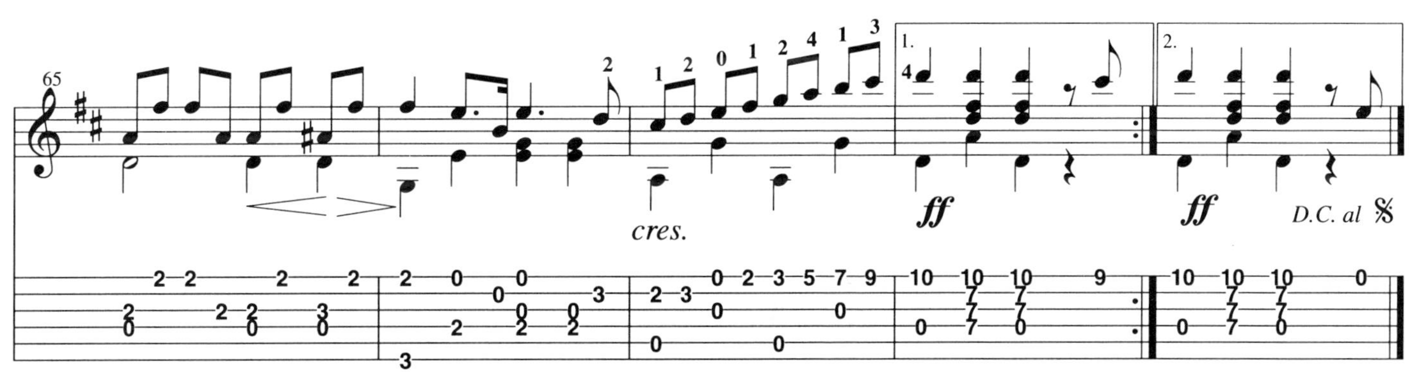
cres.
ff
ff
D.C. al %

La Súplica

Danza Habanera

M.S. Arévalo

IV
mf
VII
VII
p
Harm
12th 12th
7th
7th
nat.
Harm
nat.
rall: Sempre
pp
pp
pp

*This page has been
left blank to avoid
awkward page turns*

Zamora
Spanish Dance

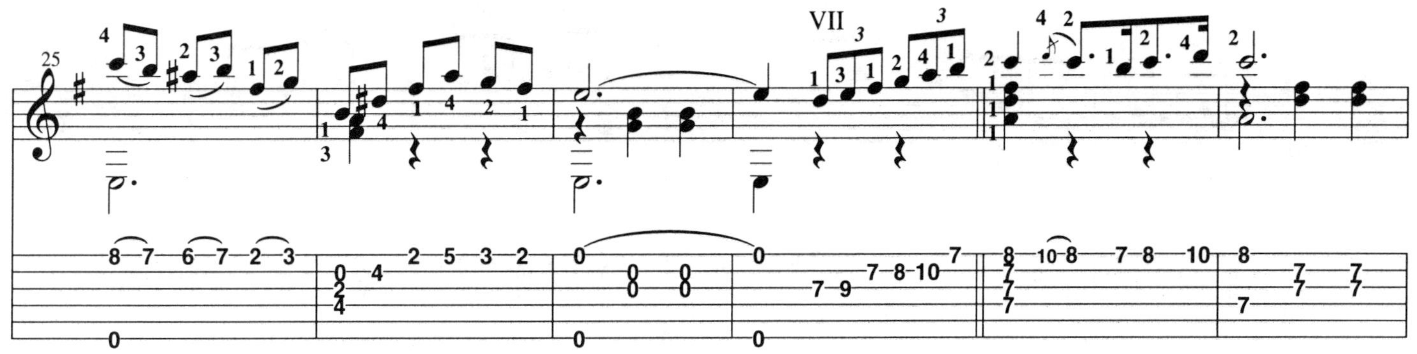

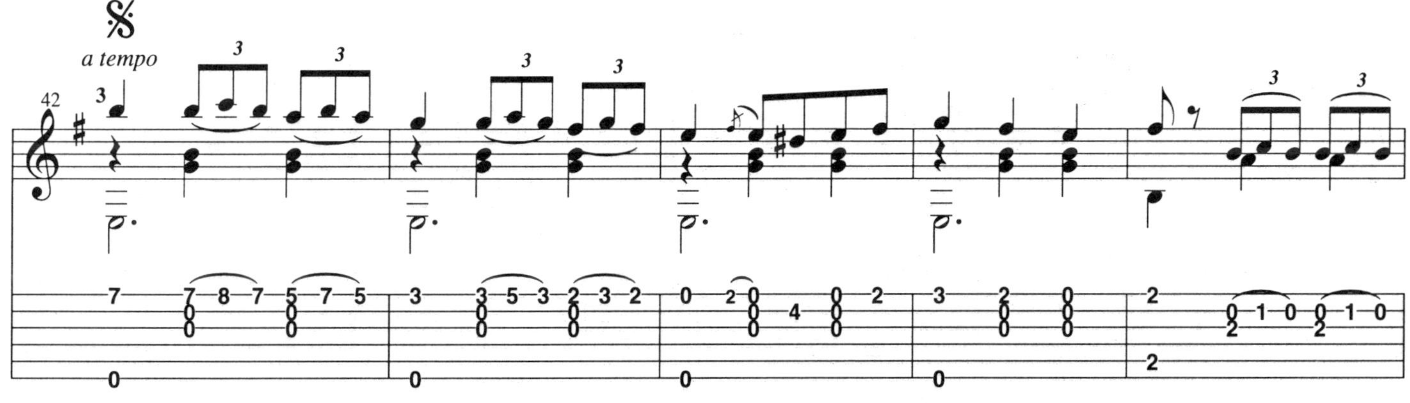

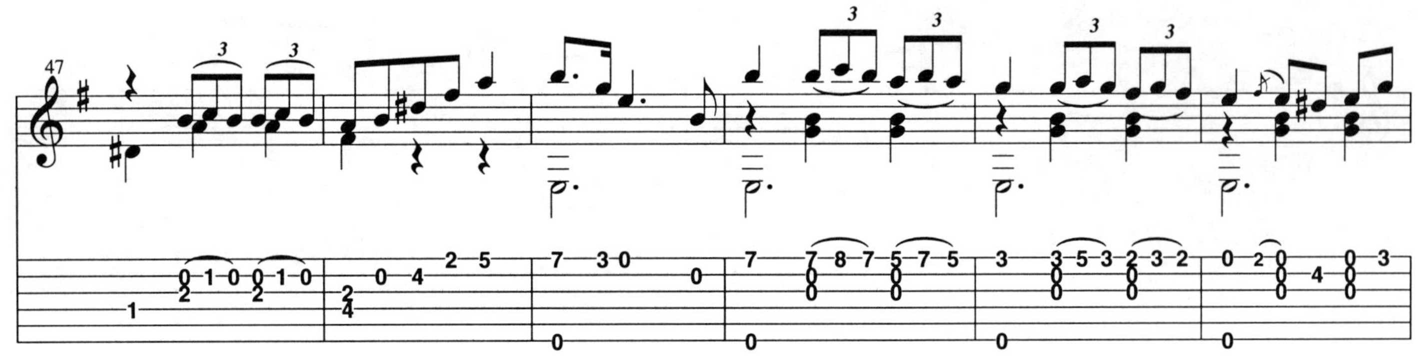
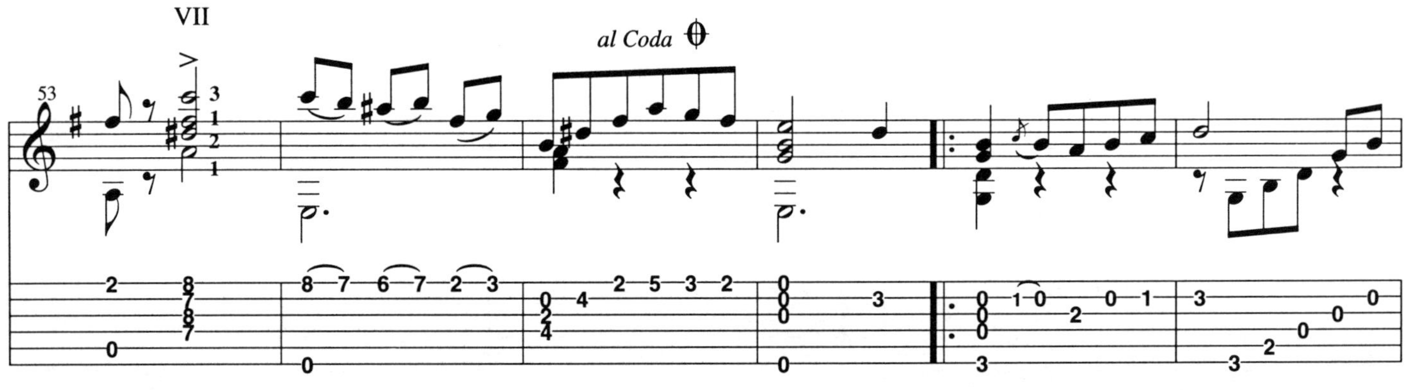
VII
al Coda

Har.
12
V

1.
2.
rit.
Har.
12

73
Har.
12

79
Har.
12
D.S.
dim.

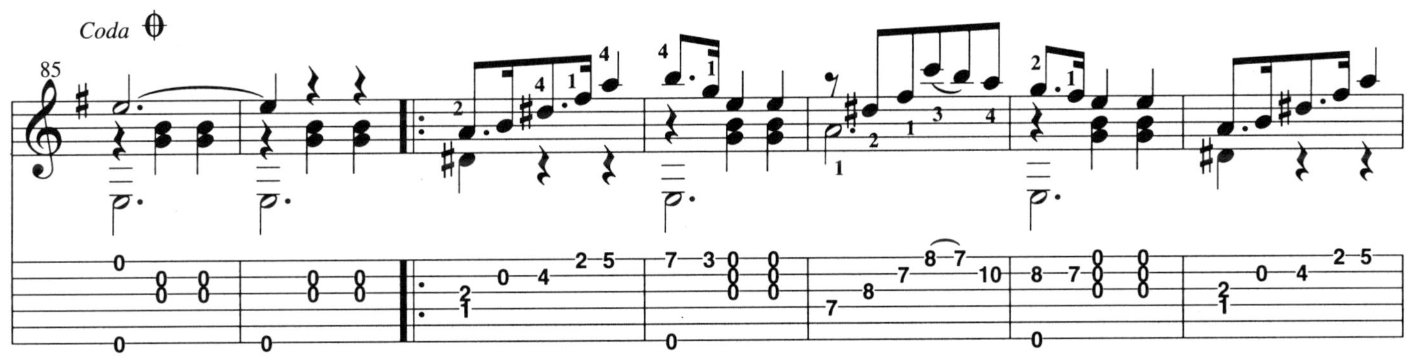

Coda
85
1.
2.

92
Har.
12
Har.
12
1.
2.

A Media Noche

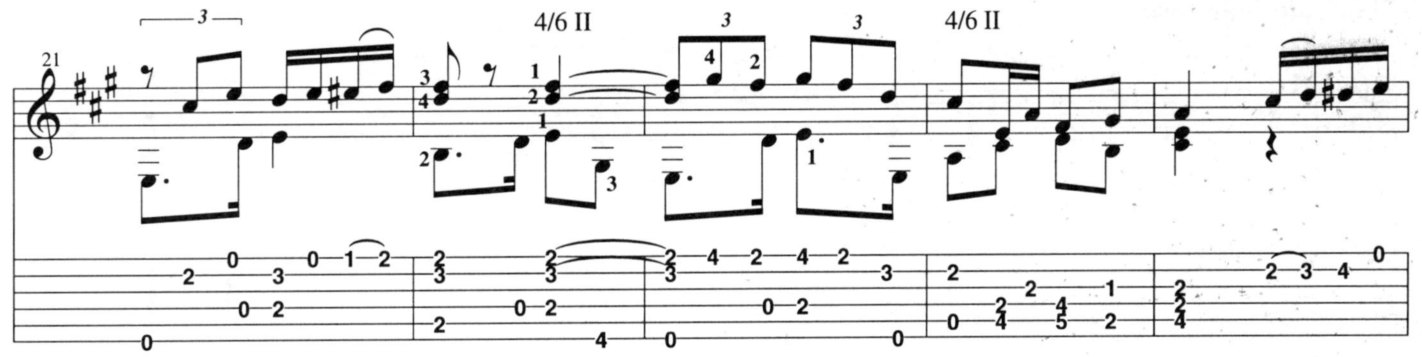
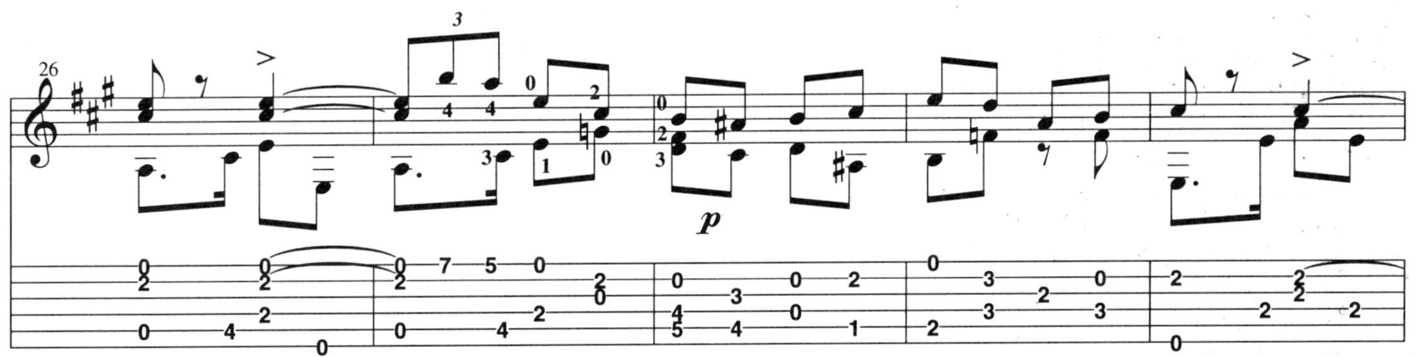
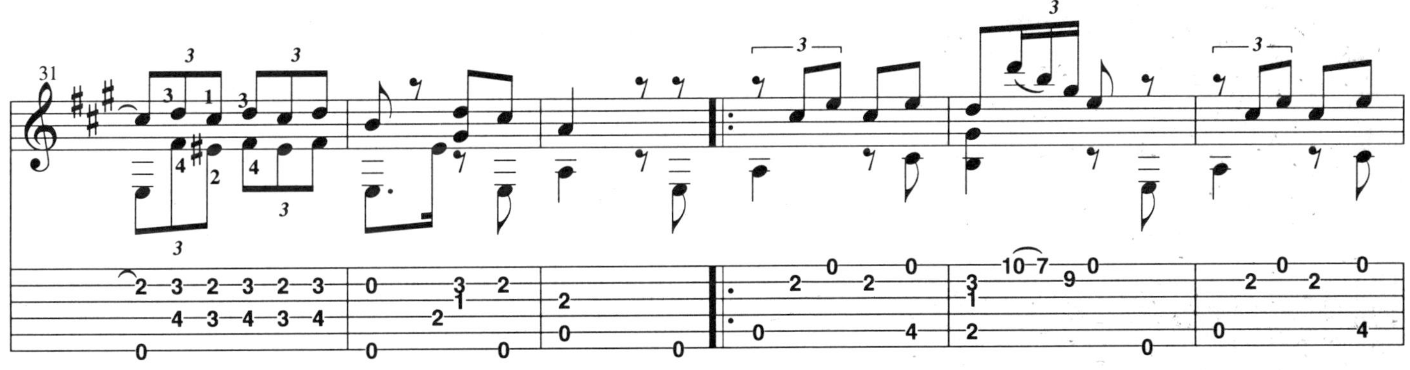

Polonaise

C. de Janon

Andante Maestoso

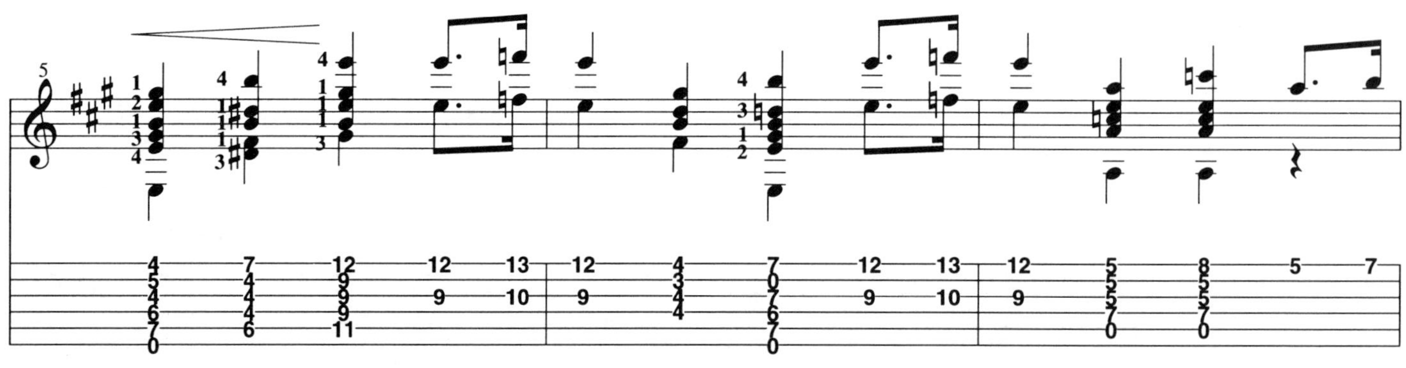

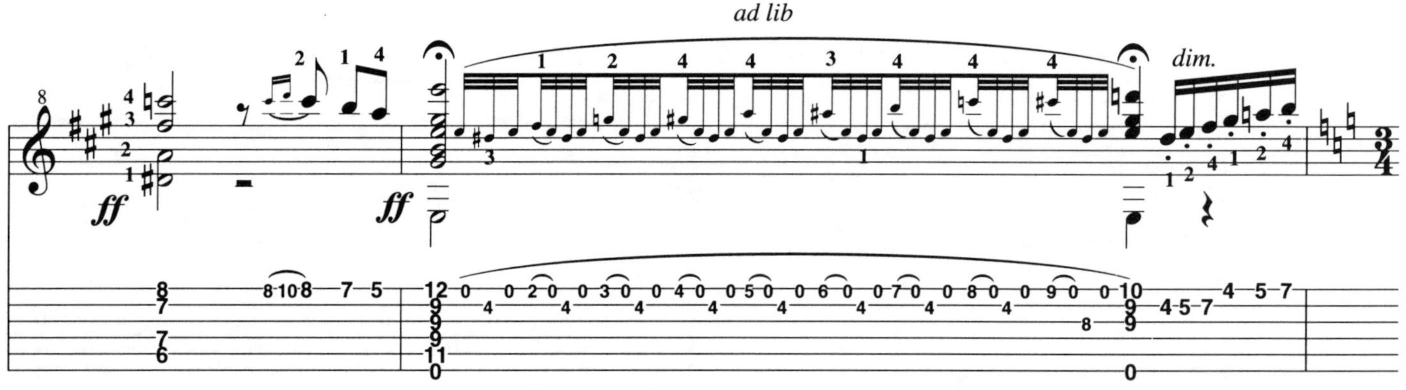

Tempo di Polacca

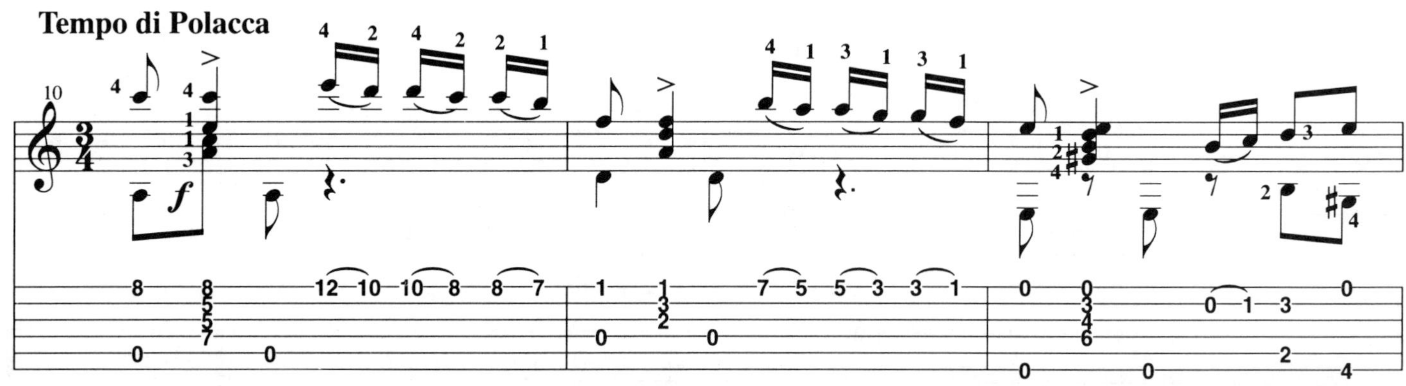

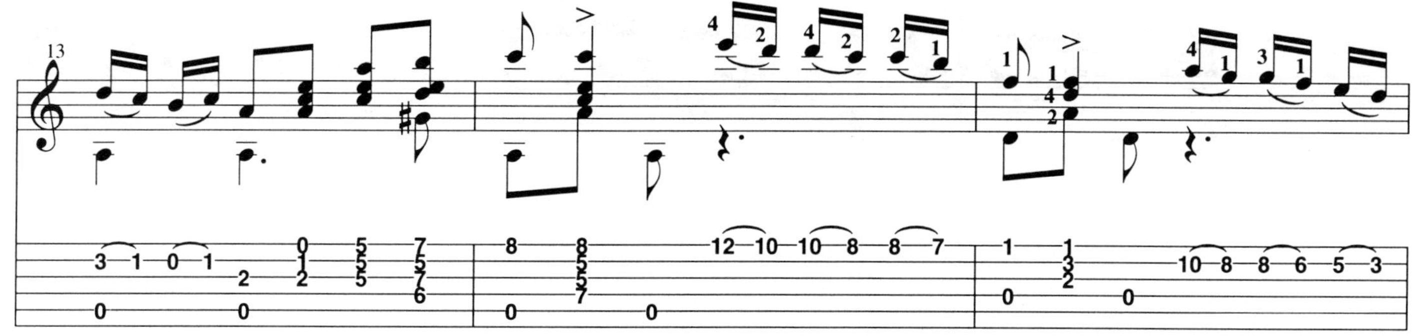

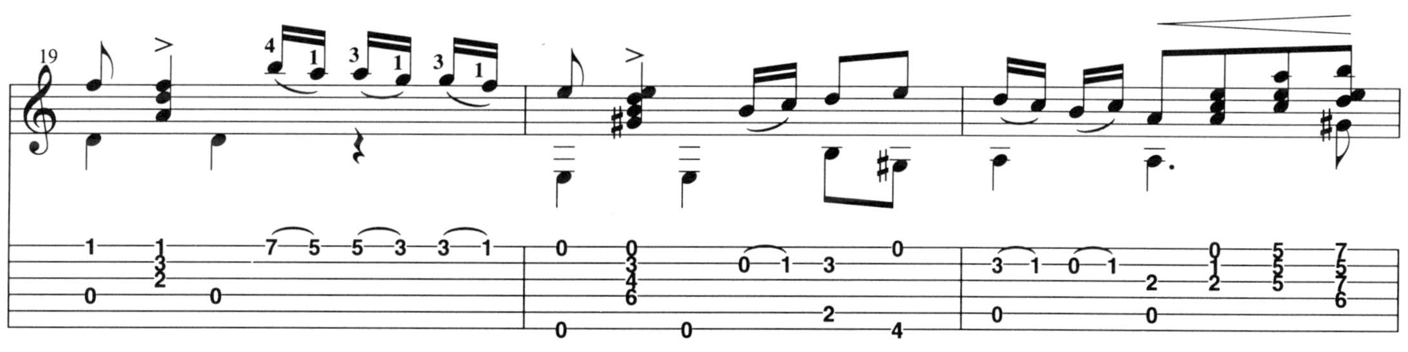

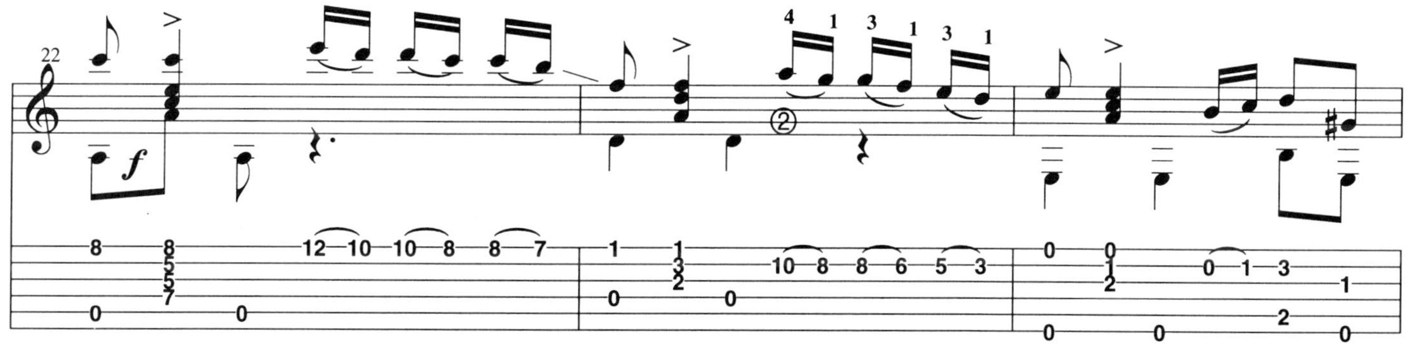

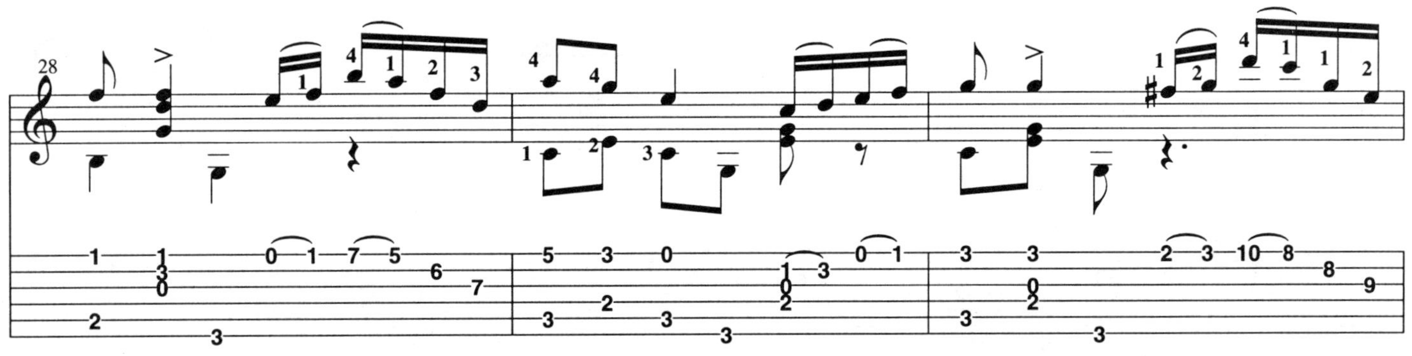

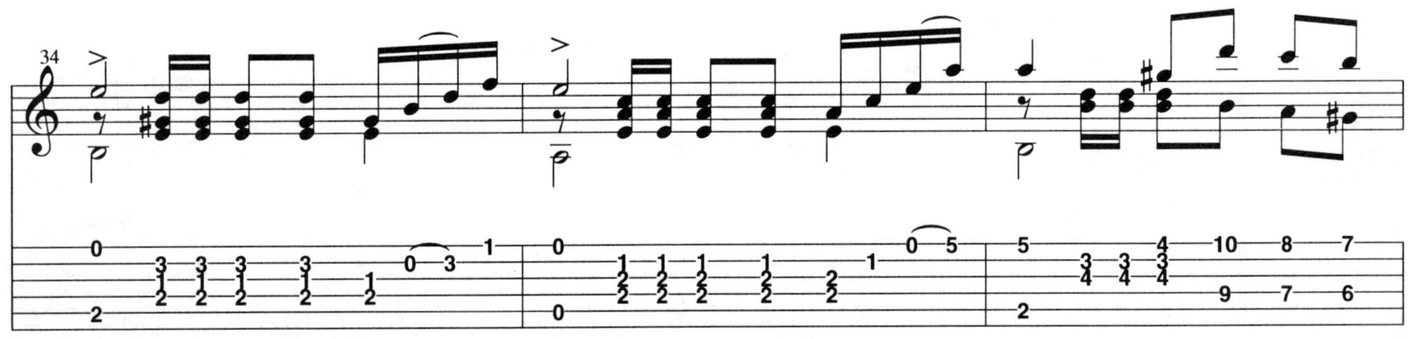

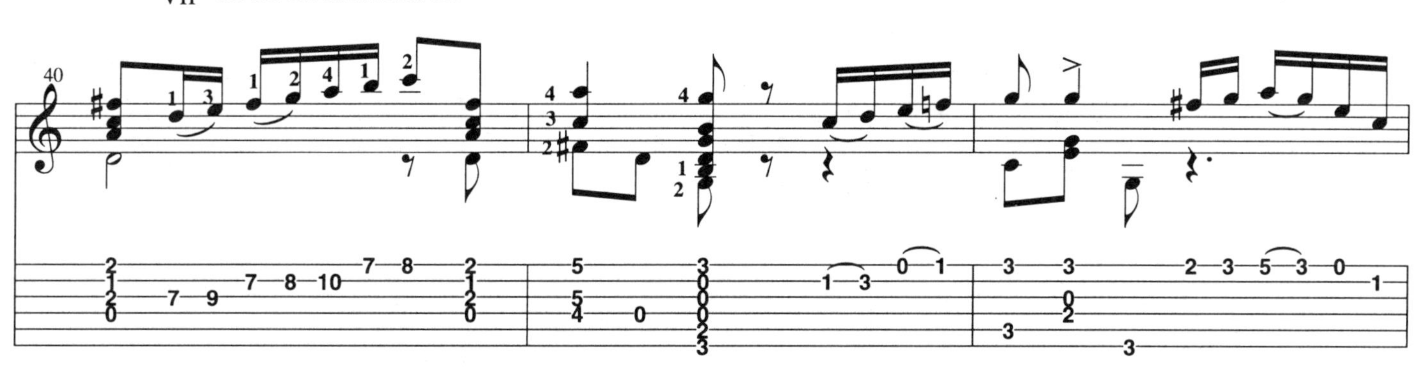
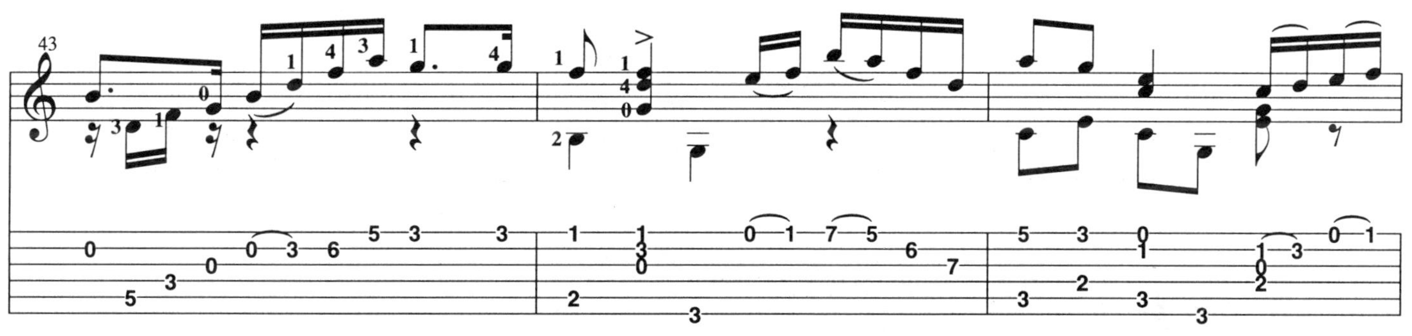
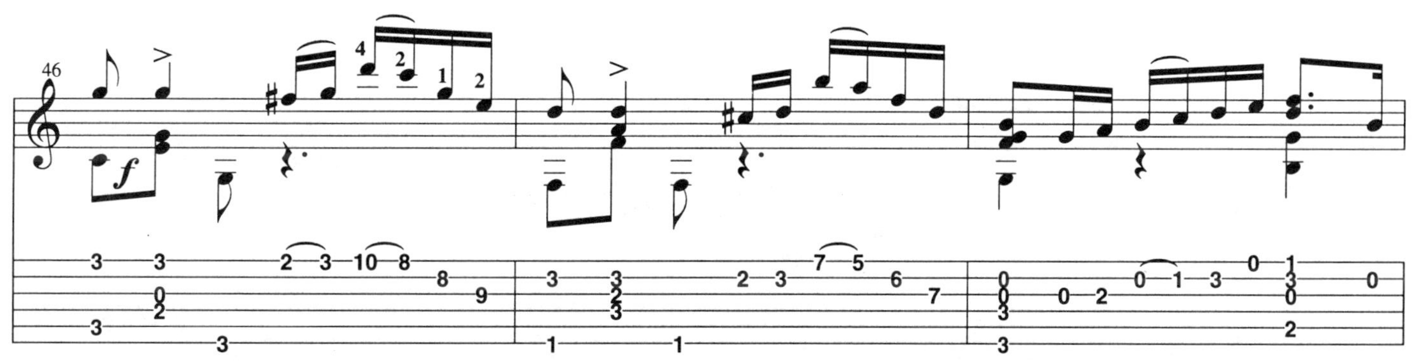

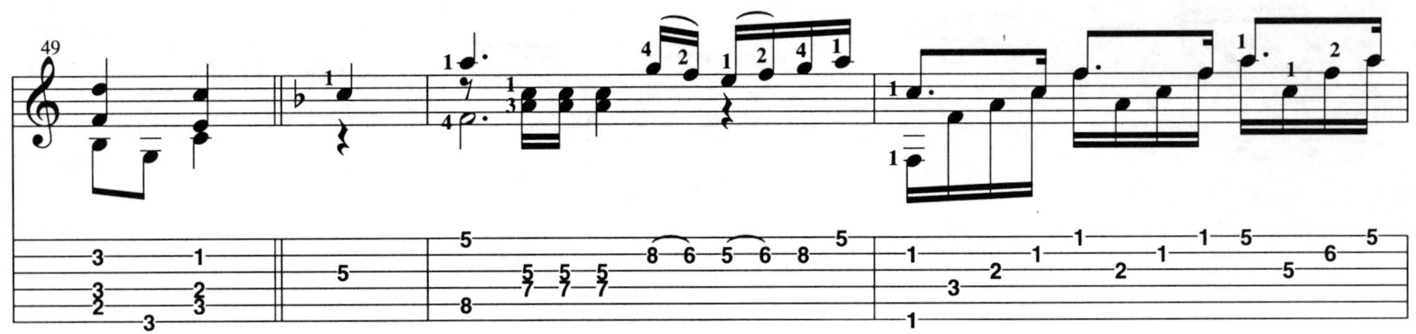
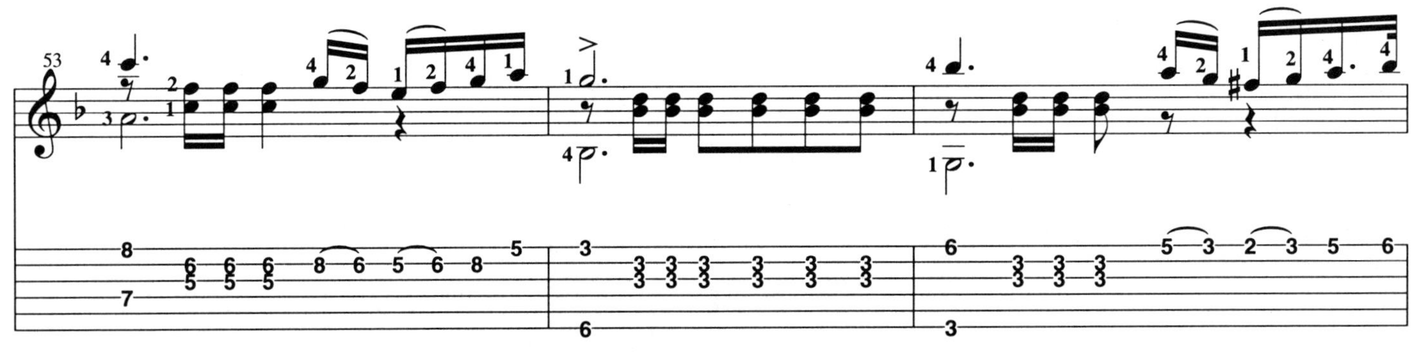

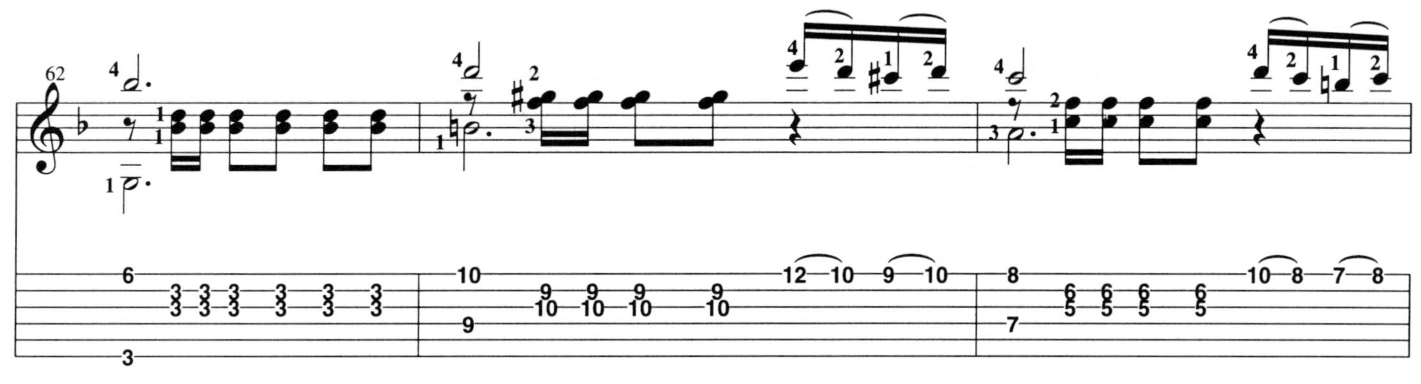
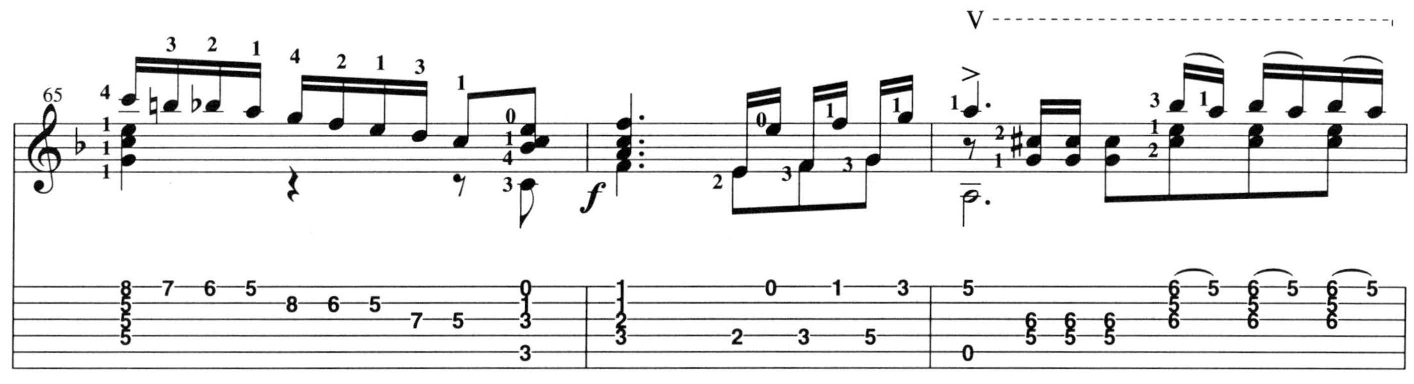
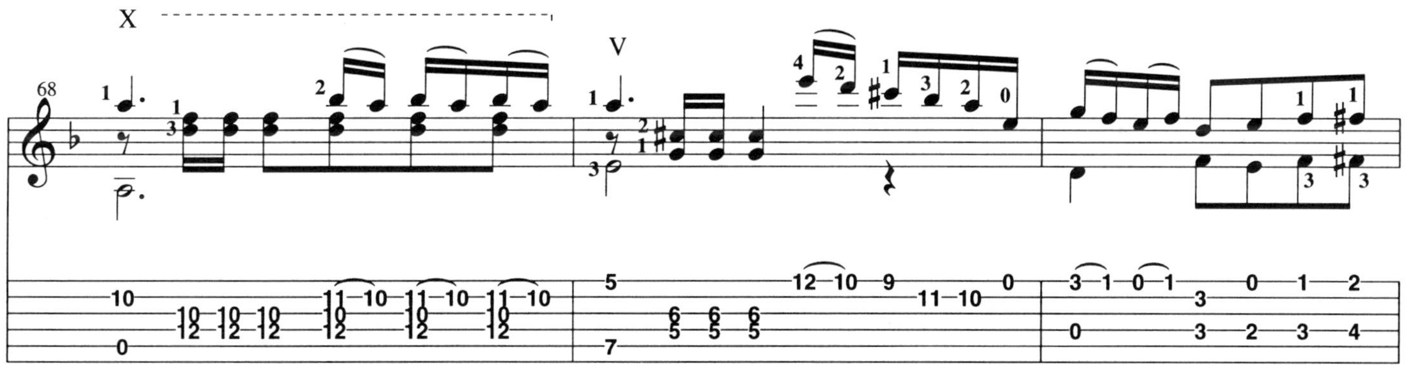
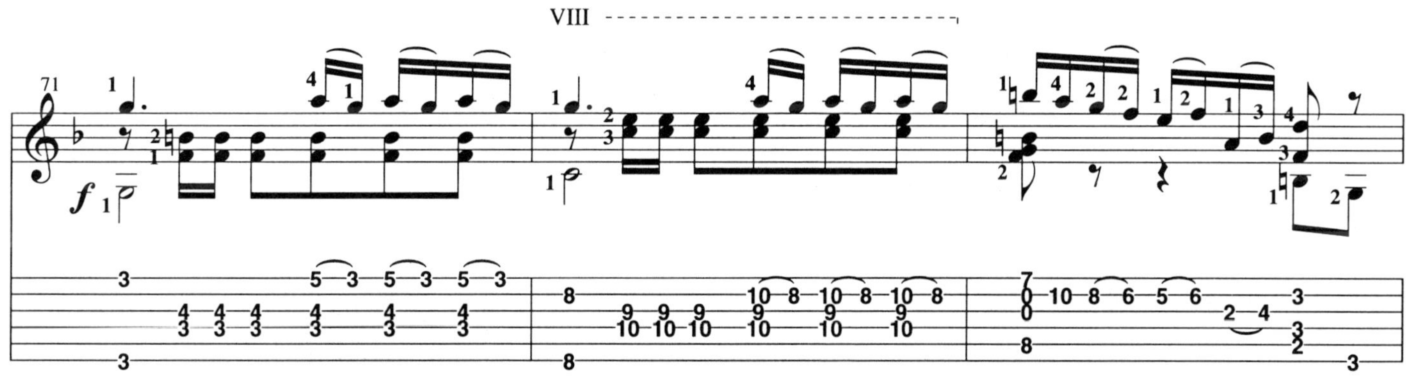

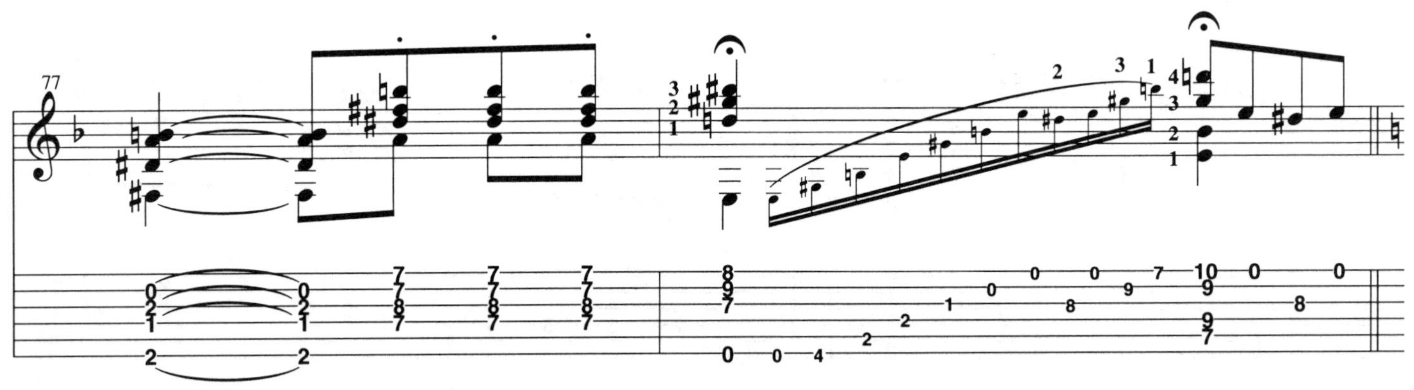

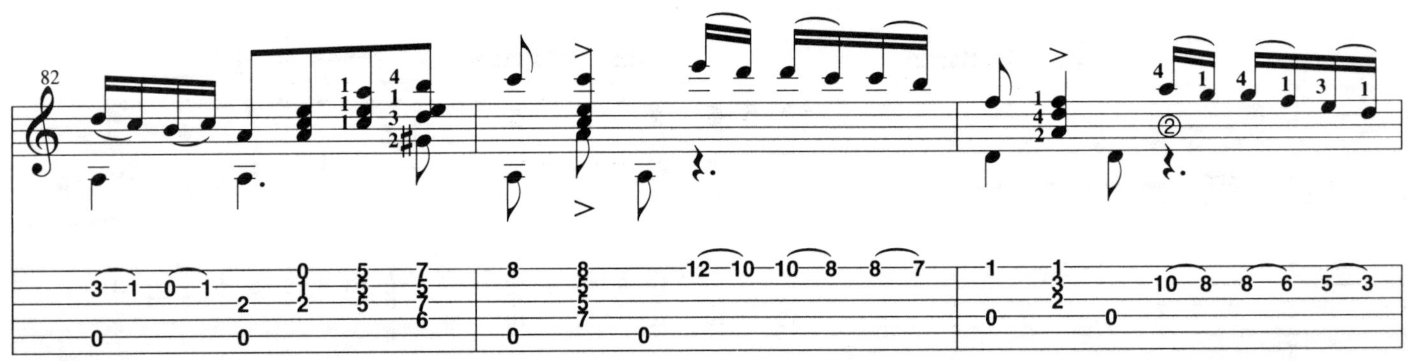

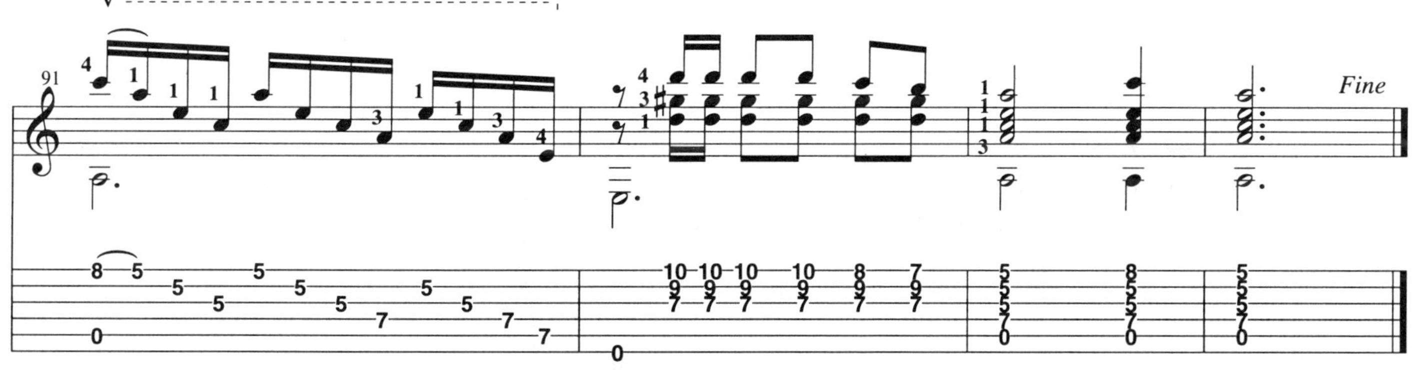

Fine

El Olé

Spanish Dance

Arr. by M.Y. Ferrer

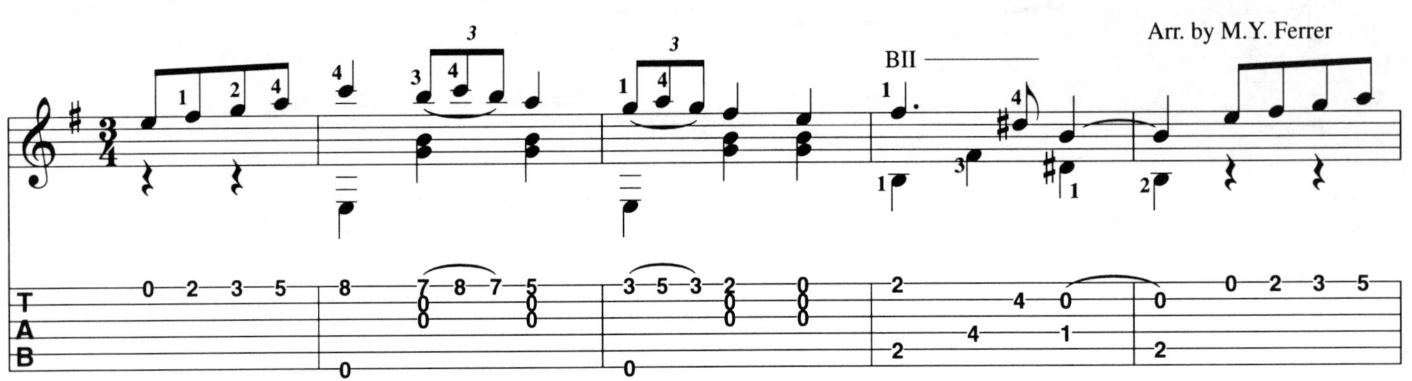

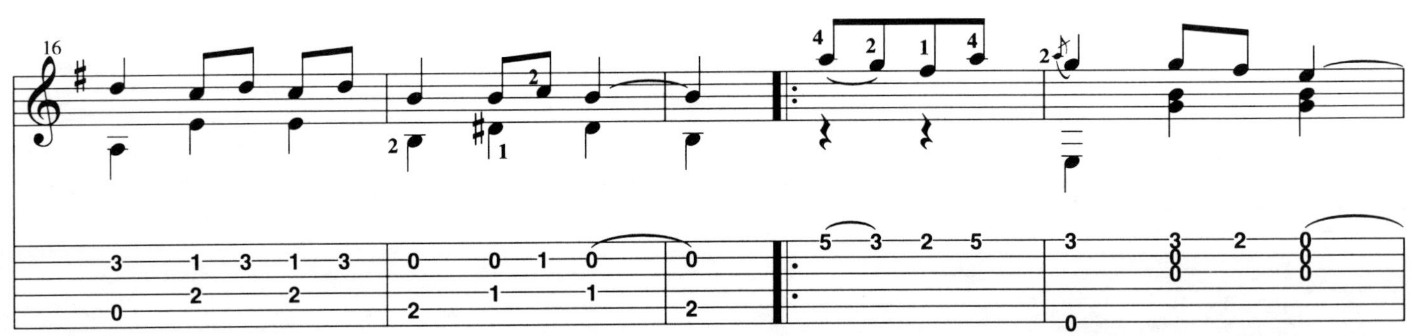

A la Orilla del Ebro

Jota

Castanbide
Arr. By M.Y. Ferrer

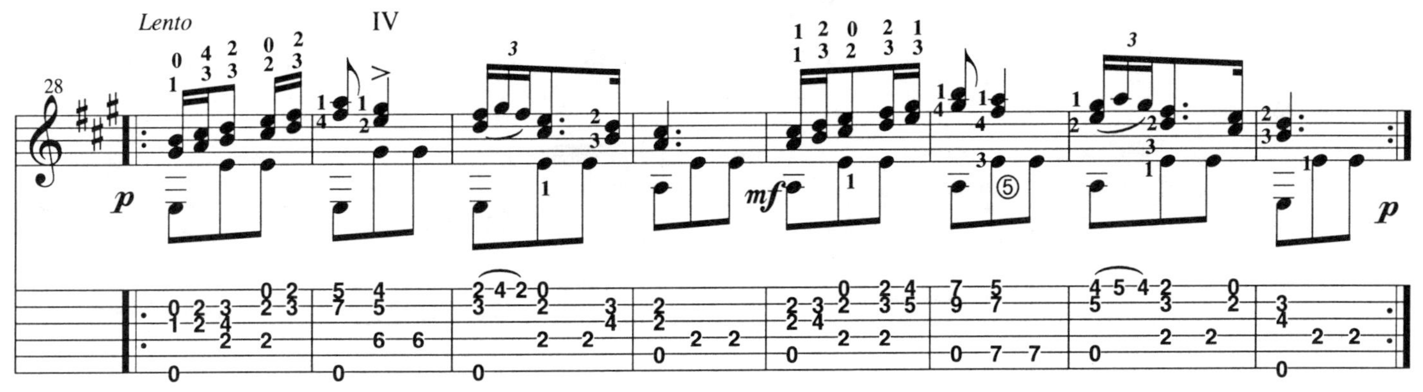

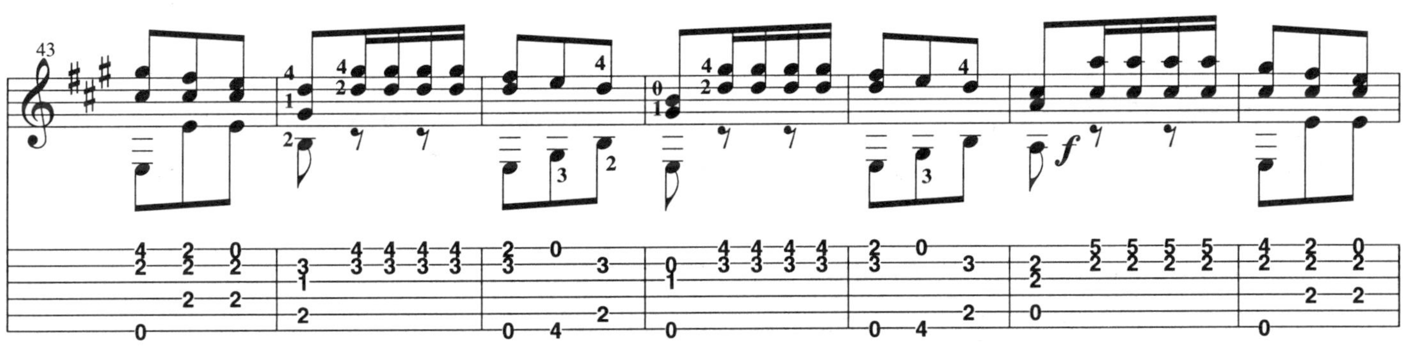

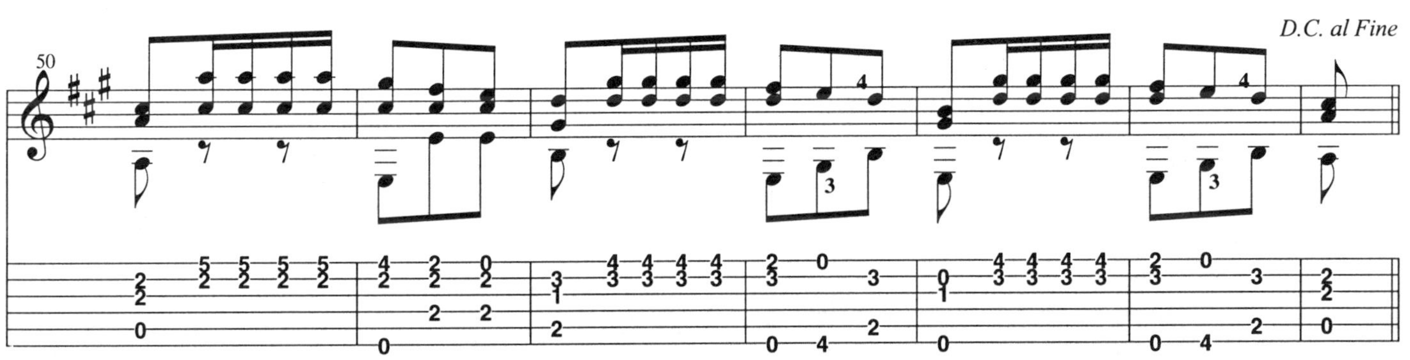

51

Manzanillo

Danza Mexicana

Composed by A.G. Robyn
Arr. by M.Y. Ferrer

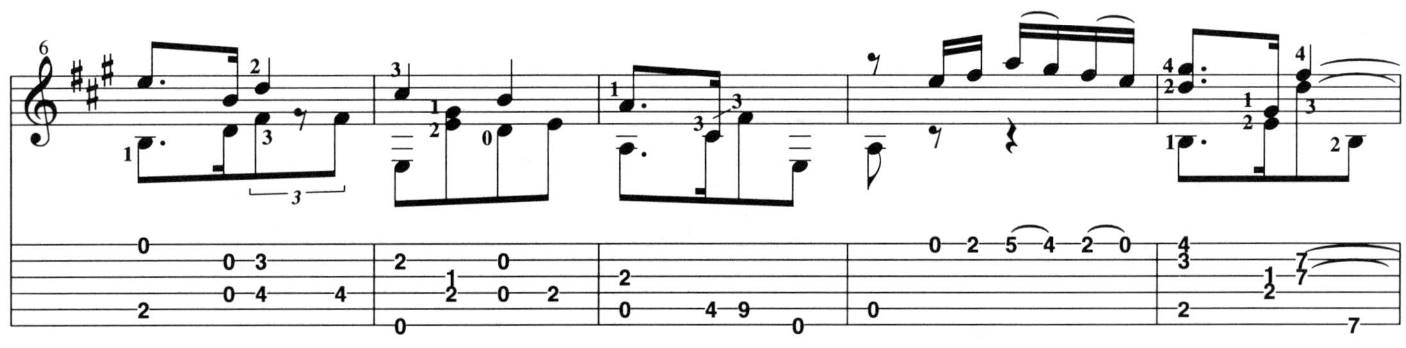

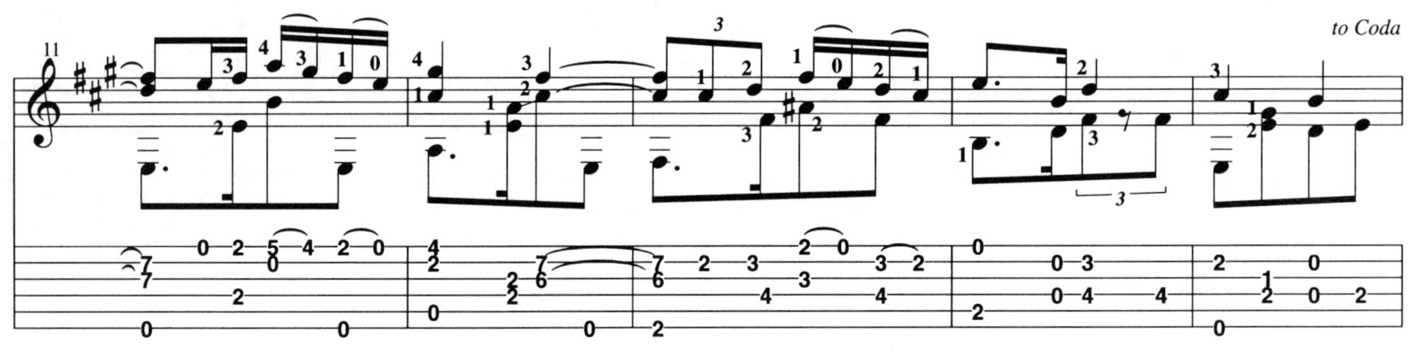

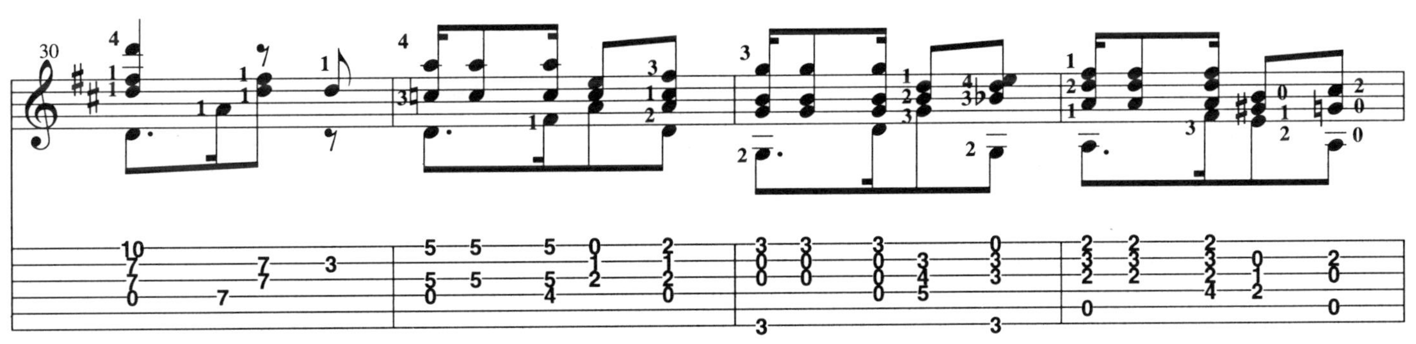

D.S. al Coda

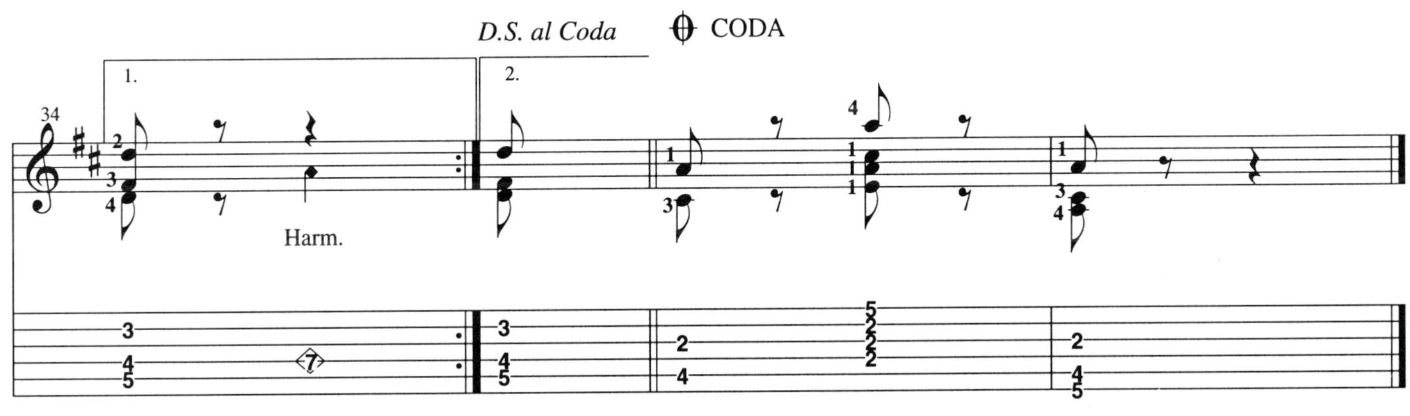

CODA
1.
2.
Harm.

El Vito Sevillano

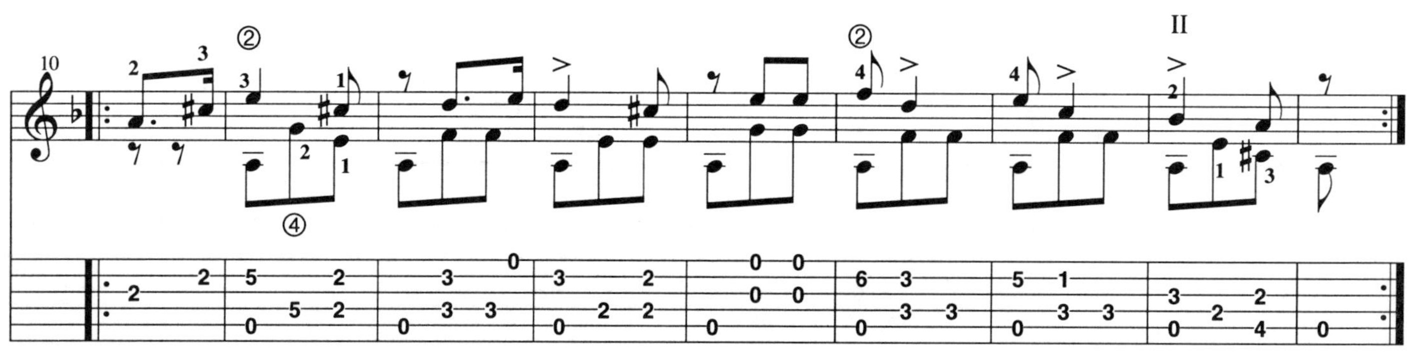

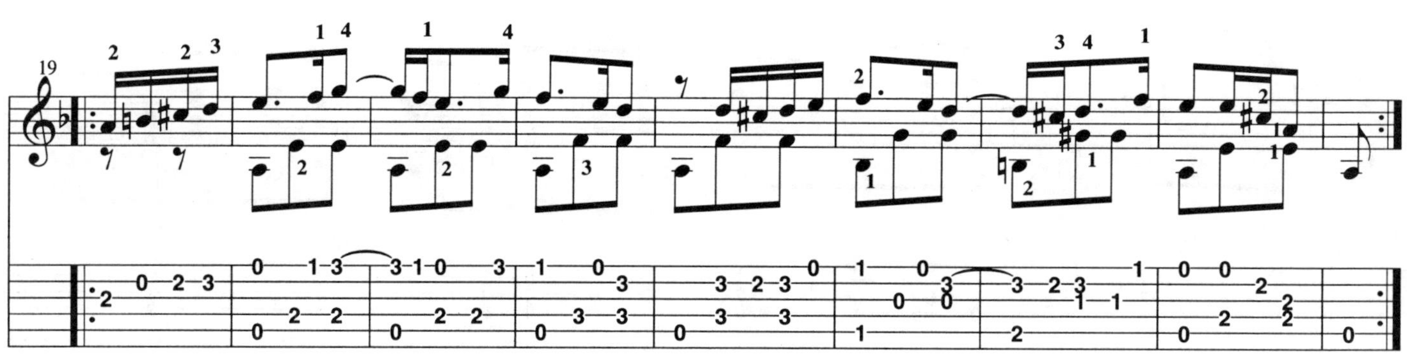

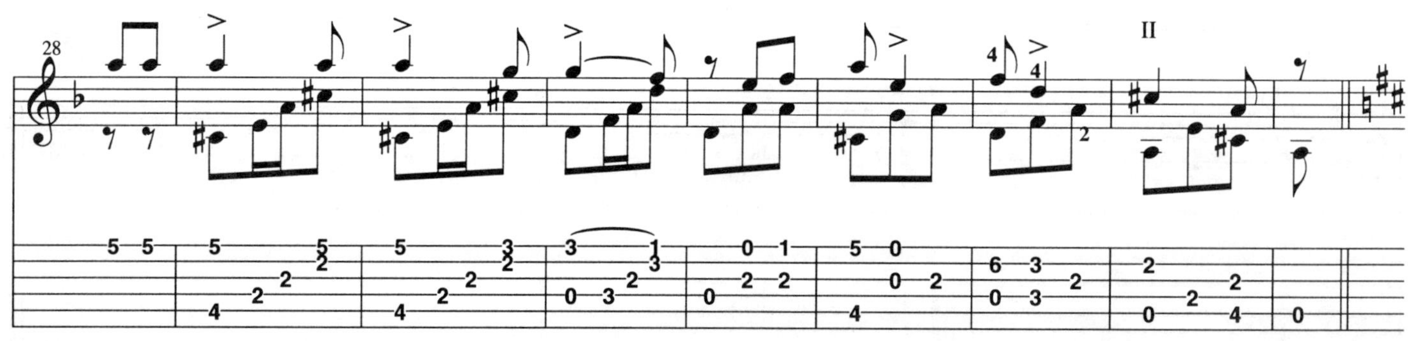

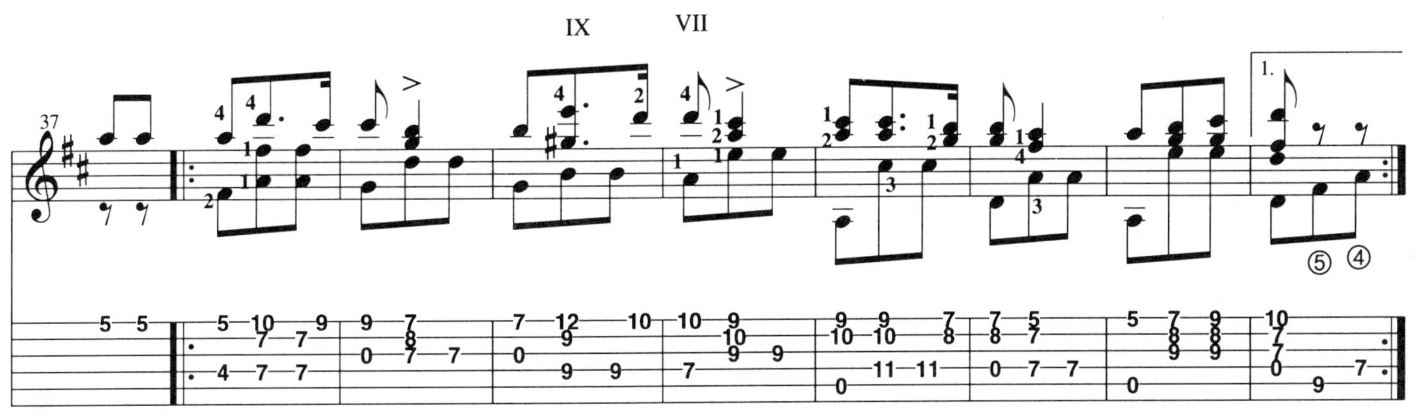

Arbor Villa Mazurka

M. Y. Ferrer

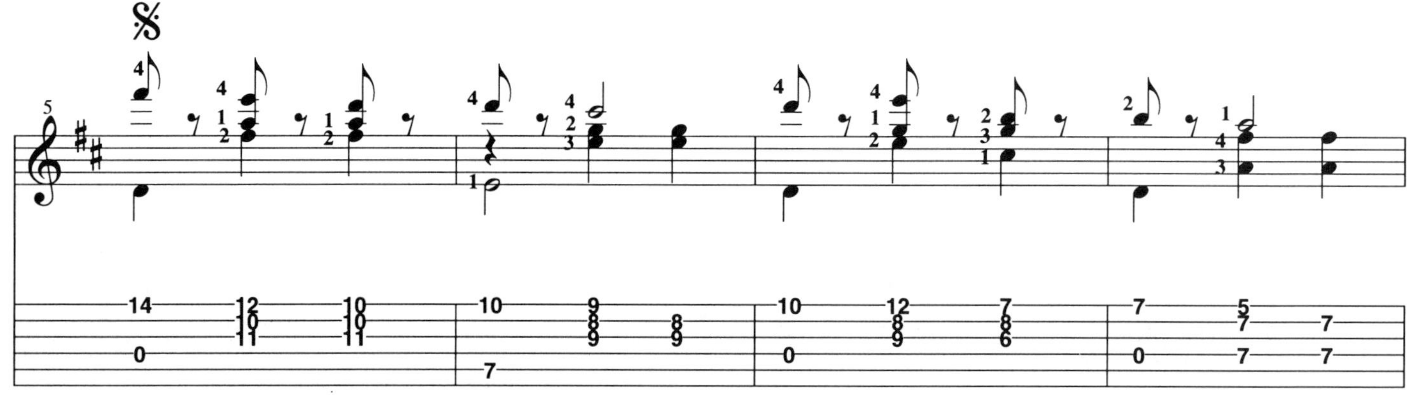

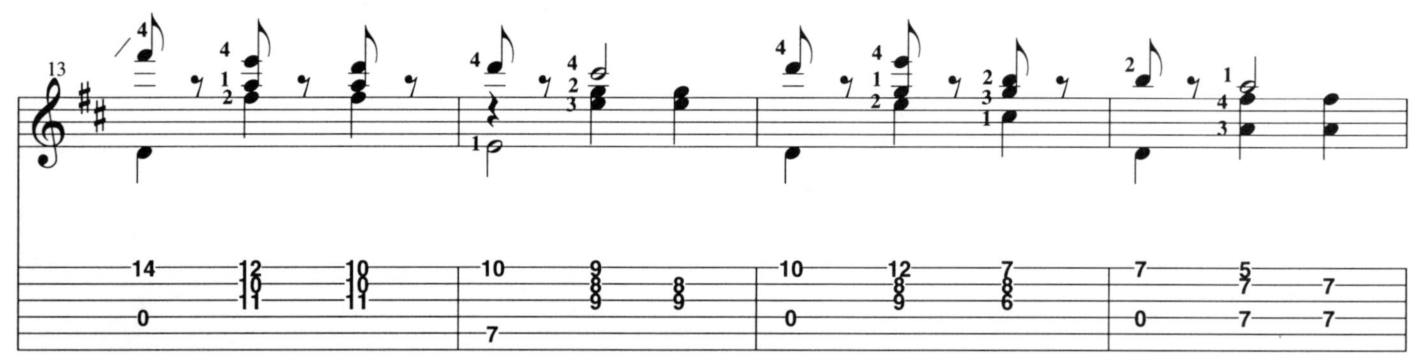

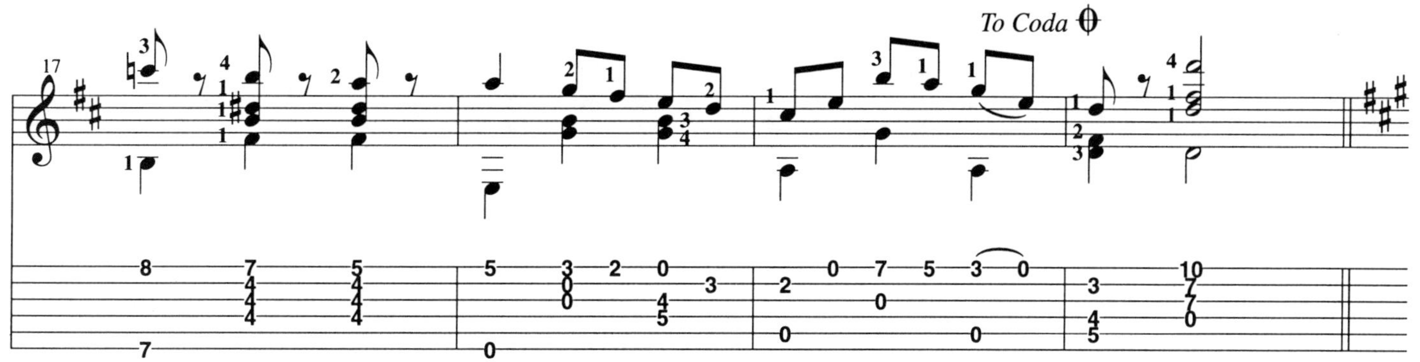
17
To Coda

21

25
1.
2.

30

D.S. al Coda
34
38
42
CODA
46

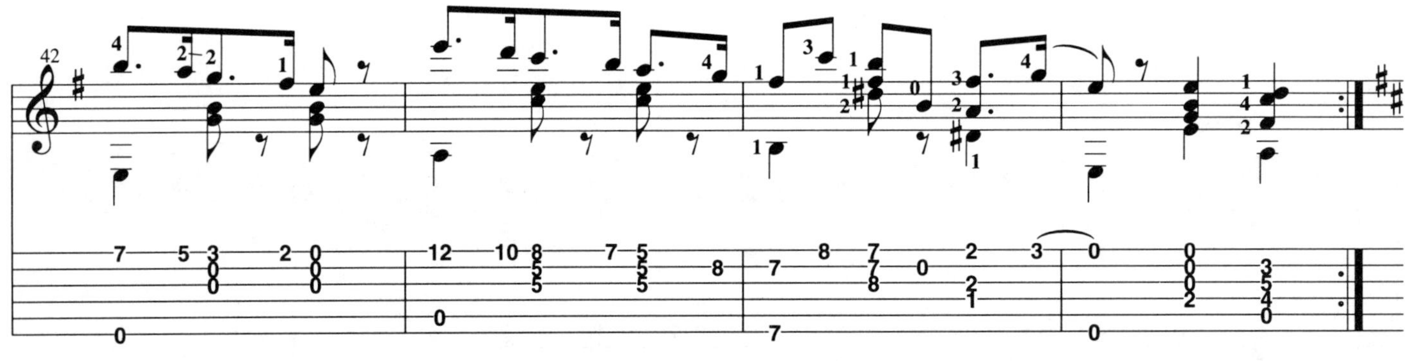

Spanish Mazurka

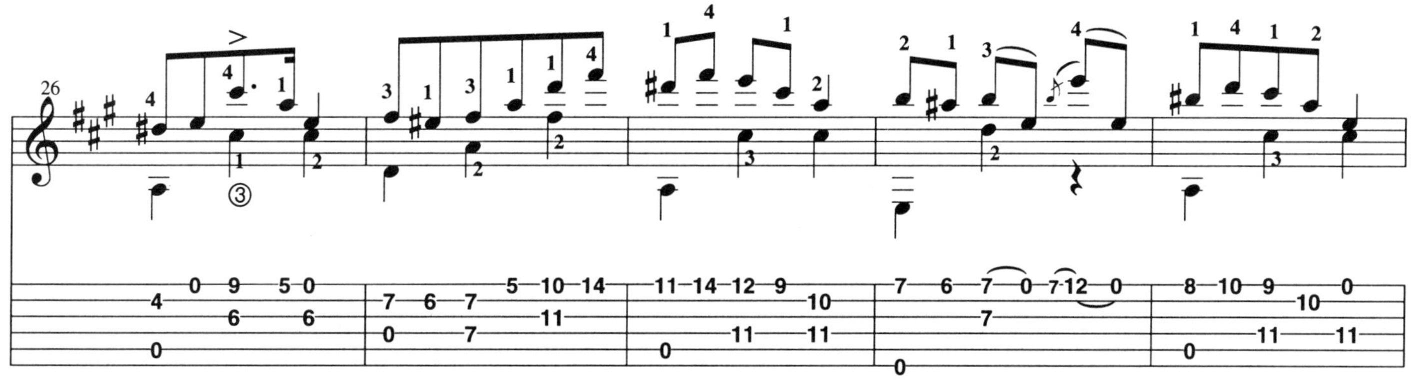
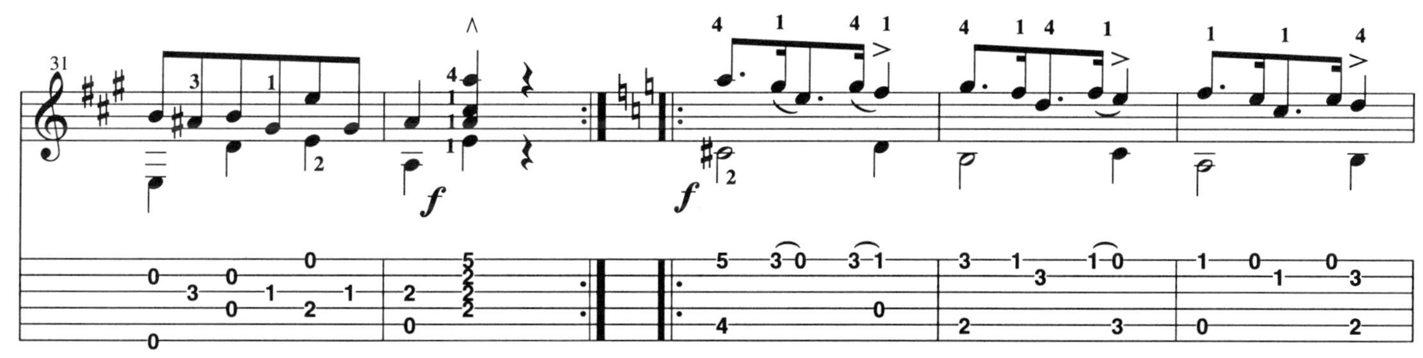

Alexandrina

Mazurka de salón

By M.Y. Ferrer

Tempo di Mazurka

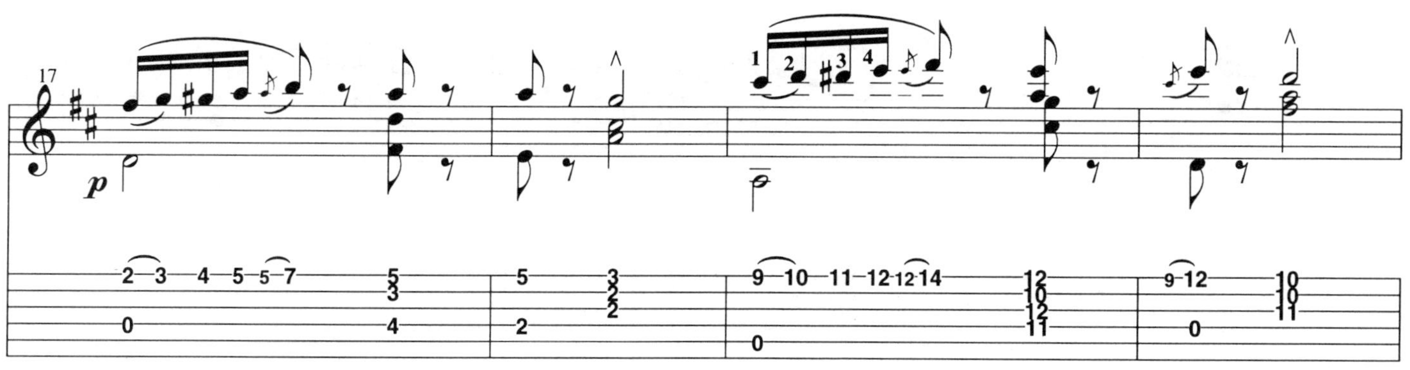

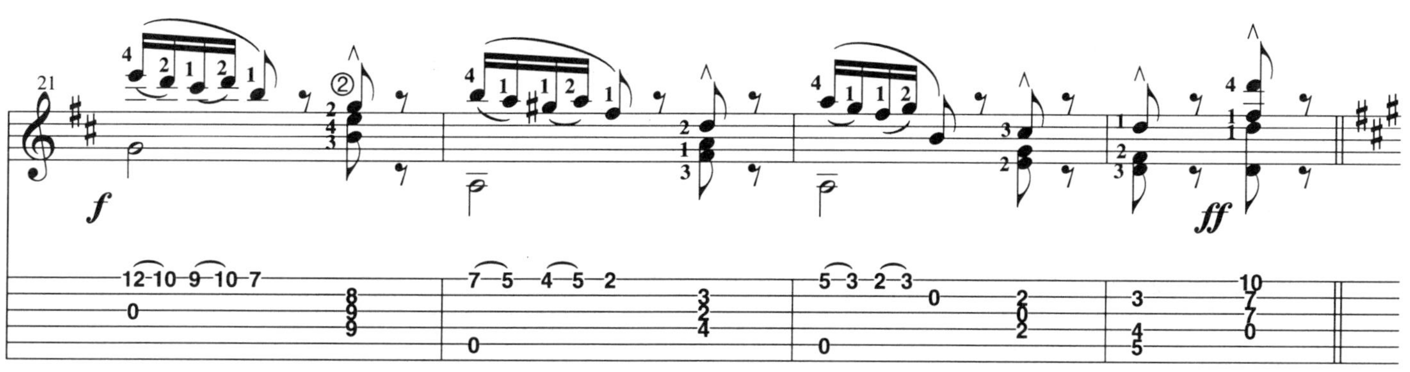

Bar

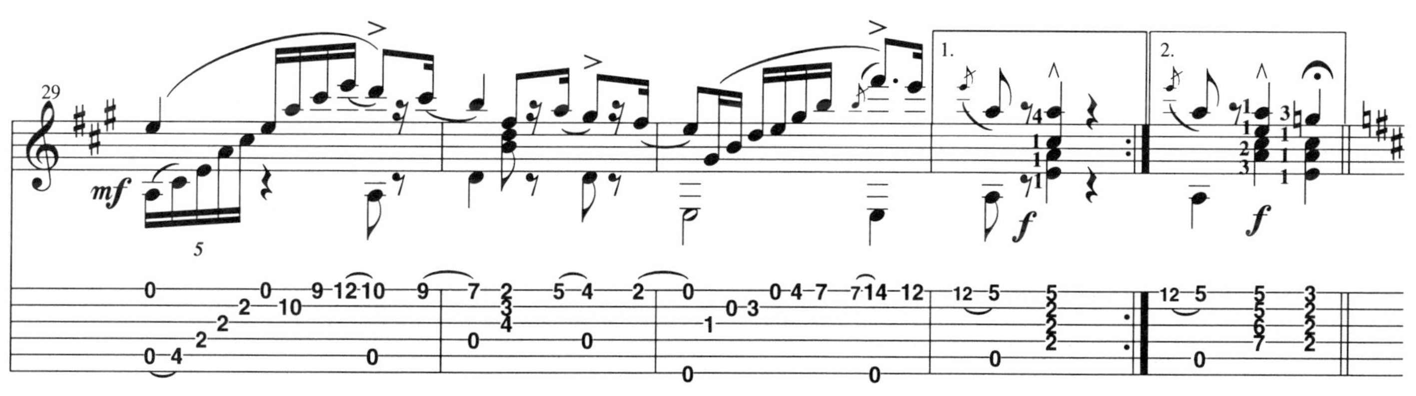

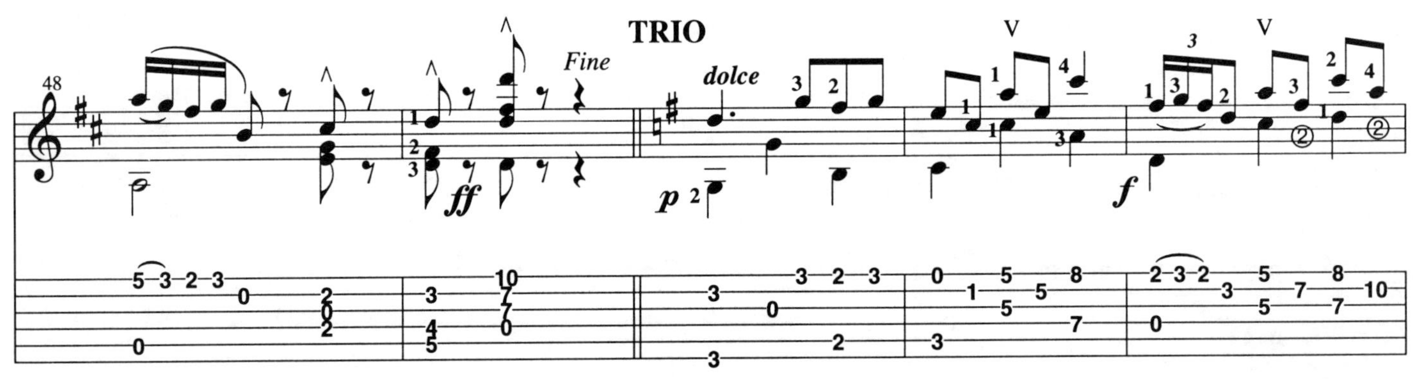
TRIO
Fine
dolce

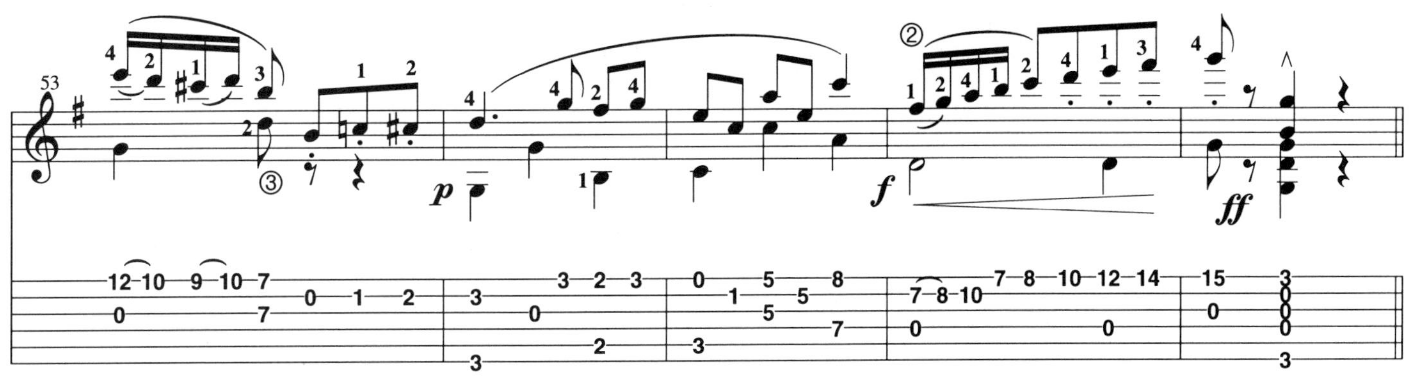

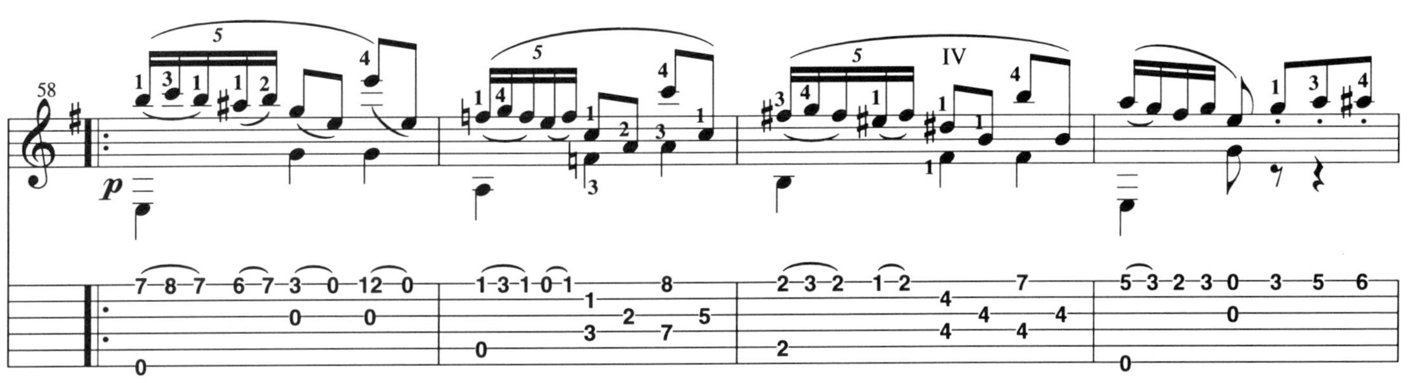

D.C. Mazurka, al Fine

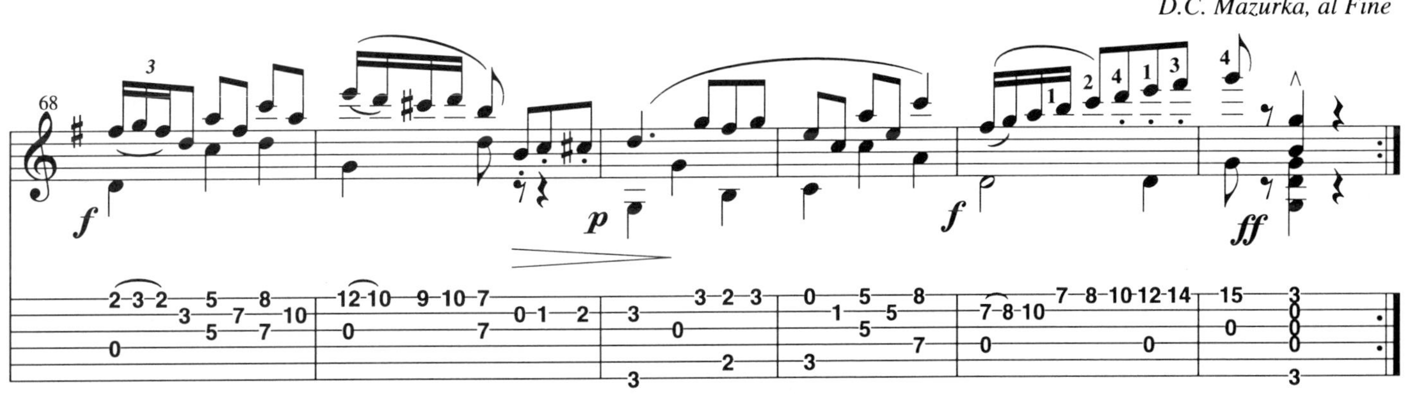

Lejos de ti
(Far from Thee)

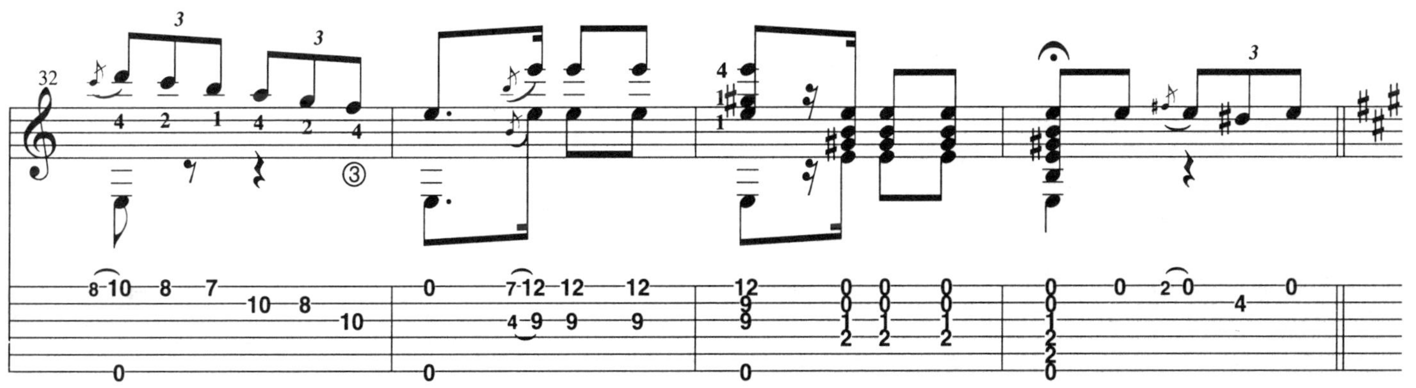

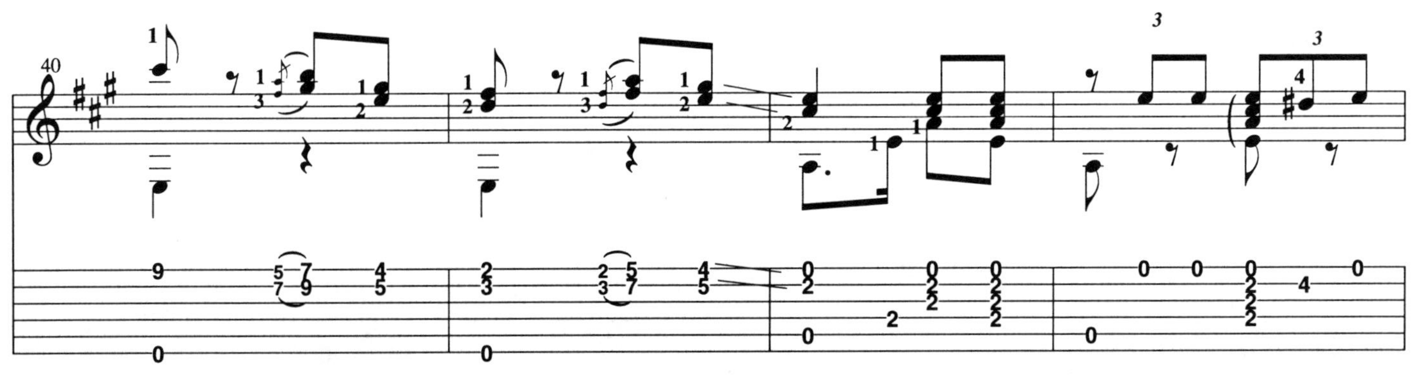
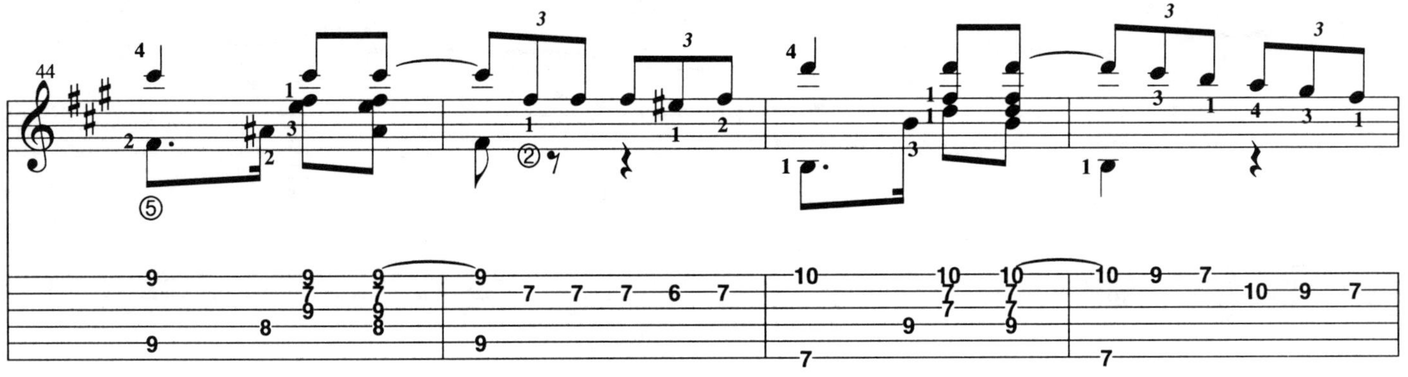
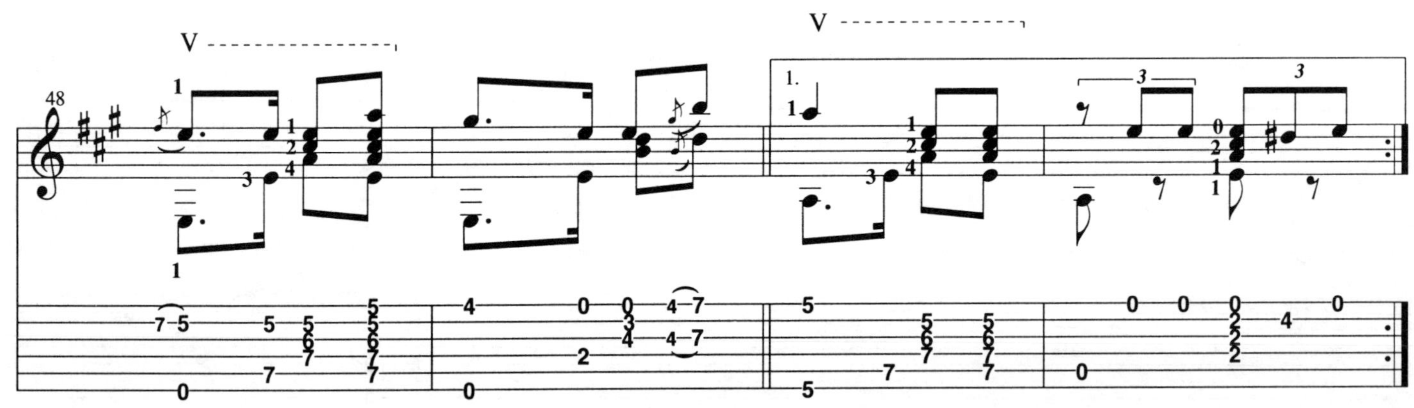

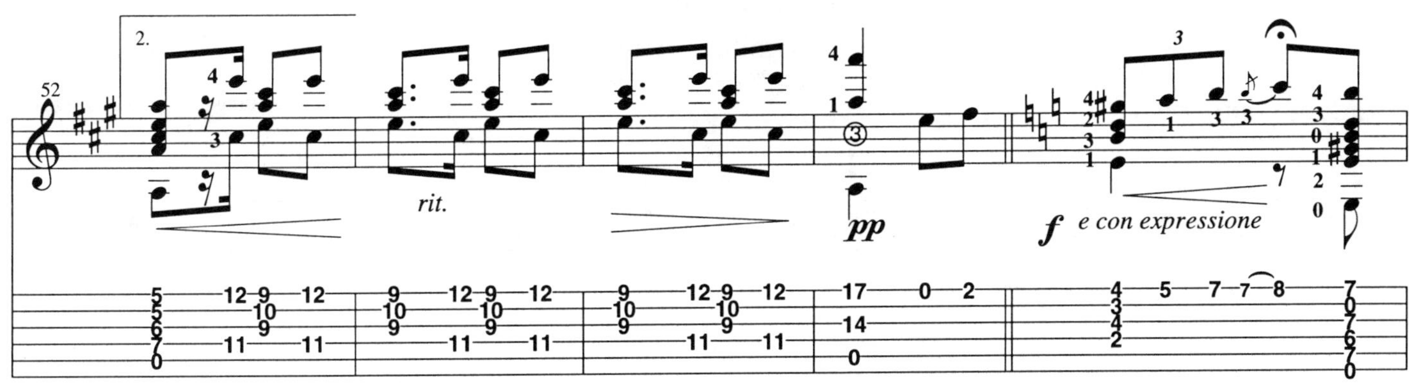
52
rit.
pp
f e con expressione

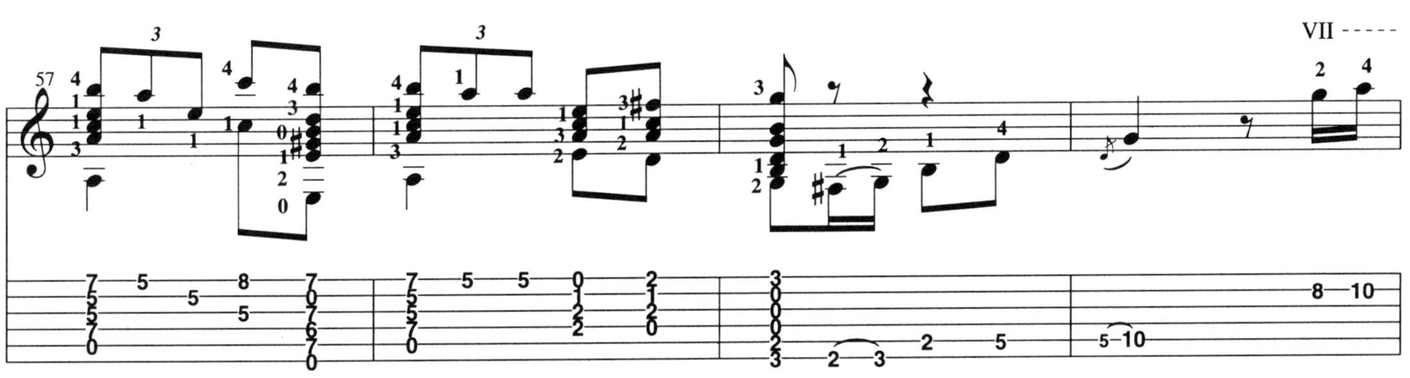
57
VII -----

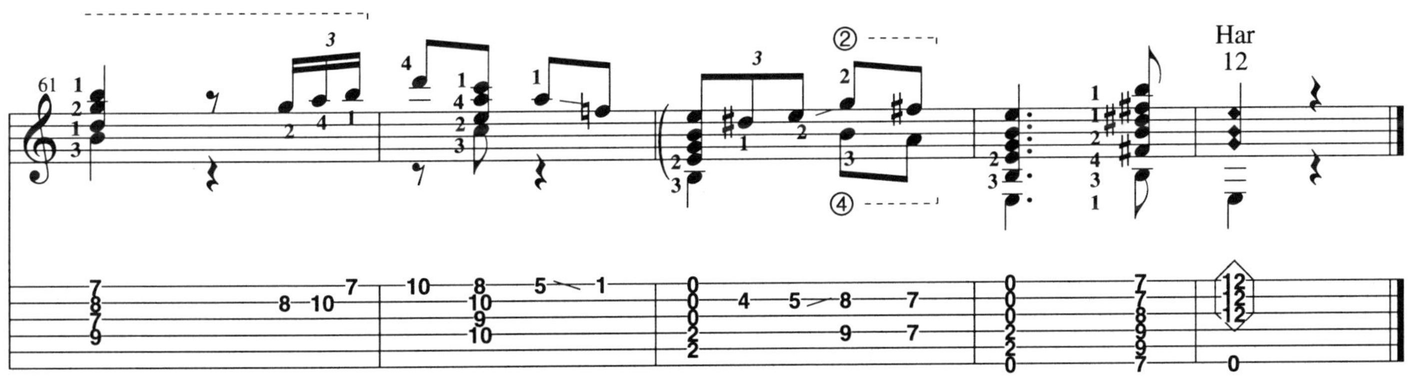
61
Har
12

Peruvian Air

Melodía Española

Arranged by Luis T. Romero

Andante espressivo

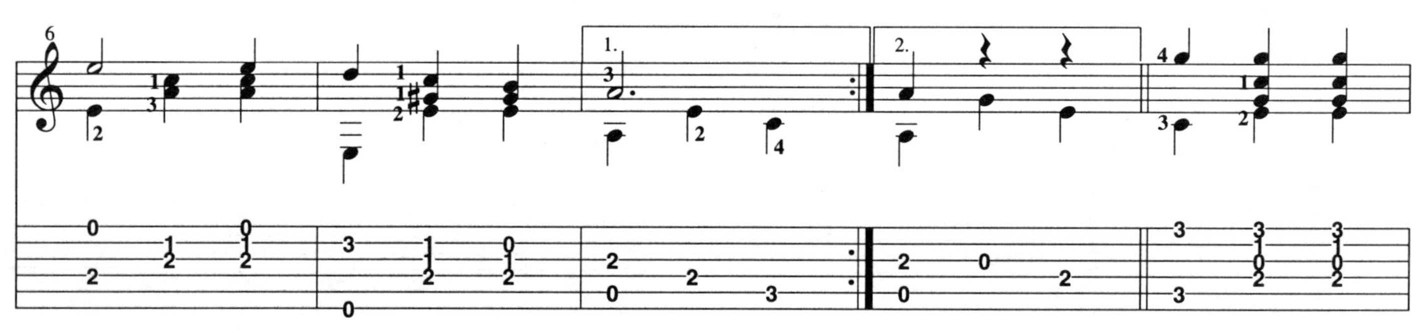

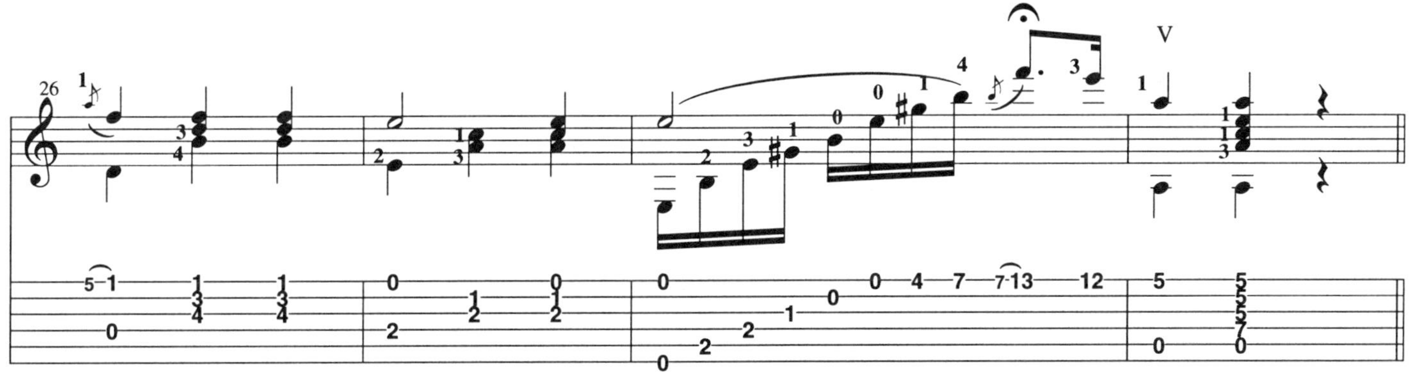

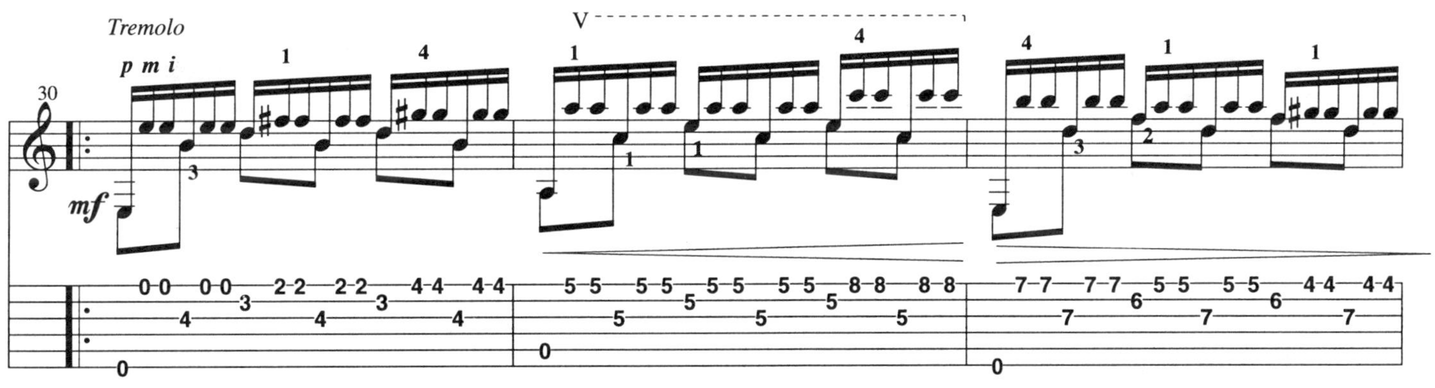
Tremolo
p m i

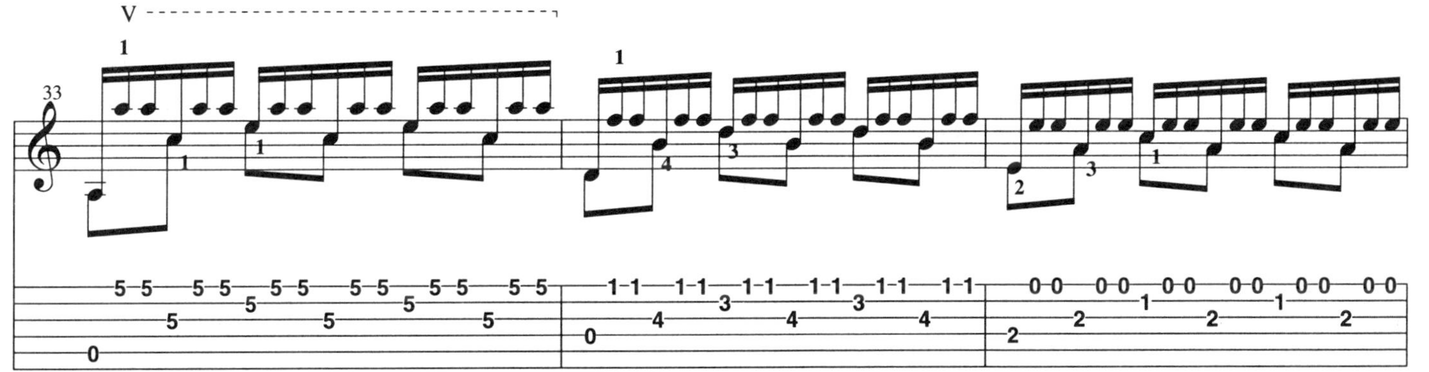

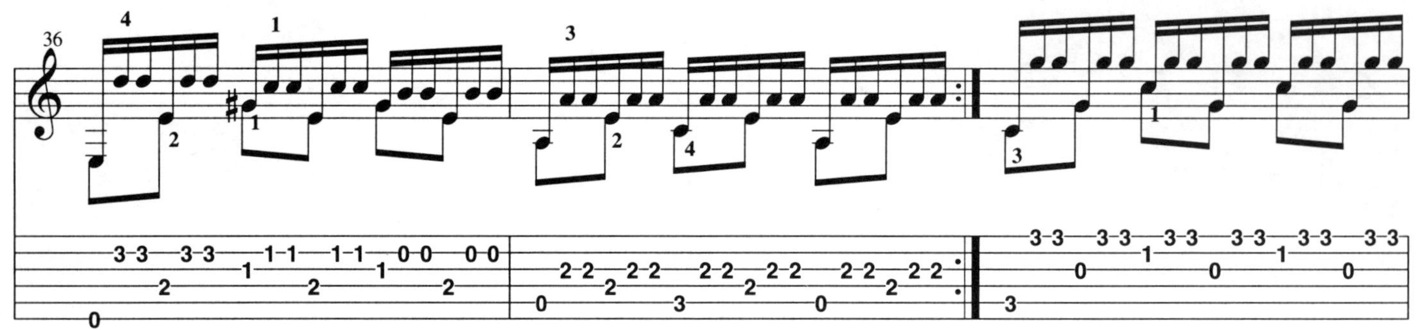

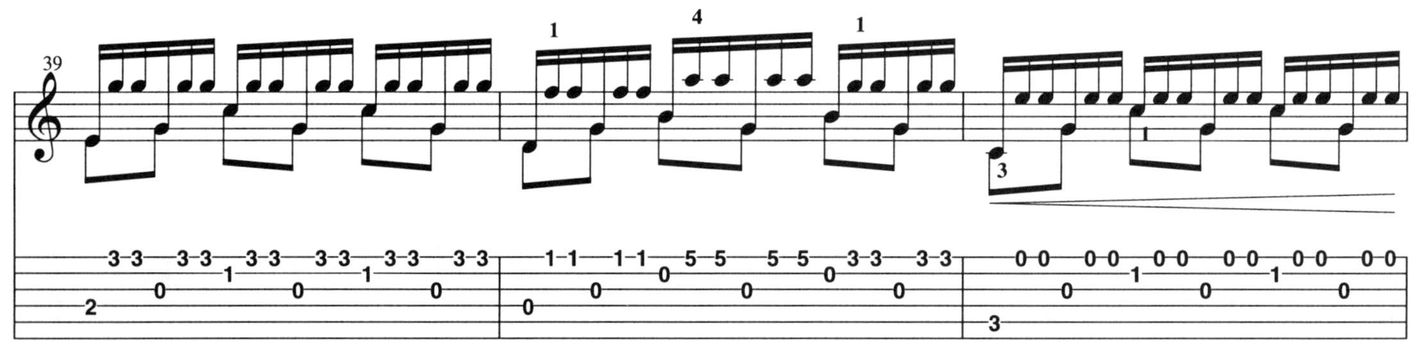

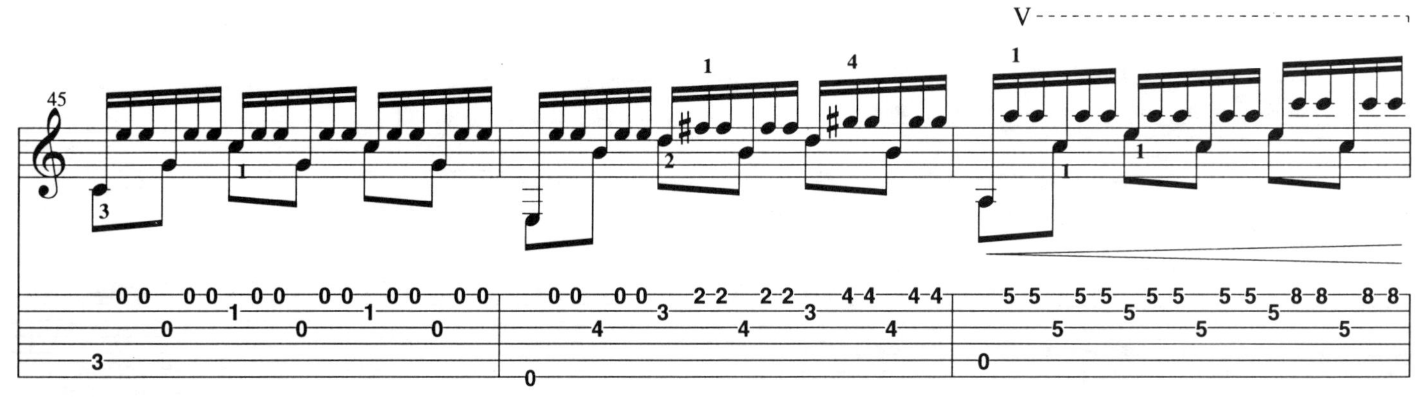

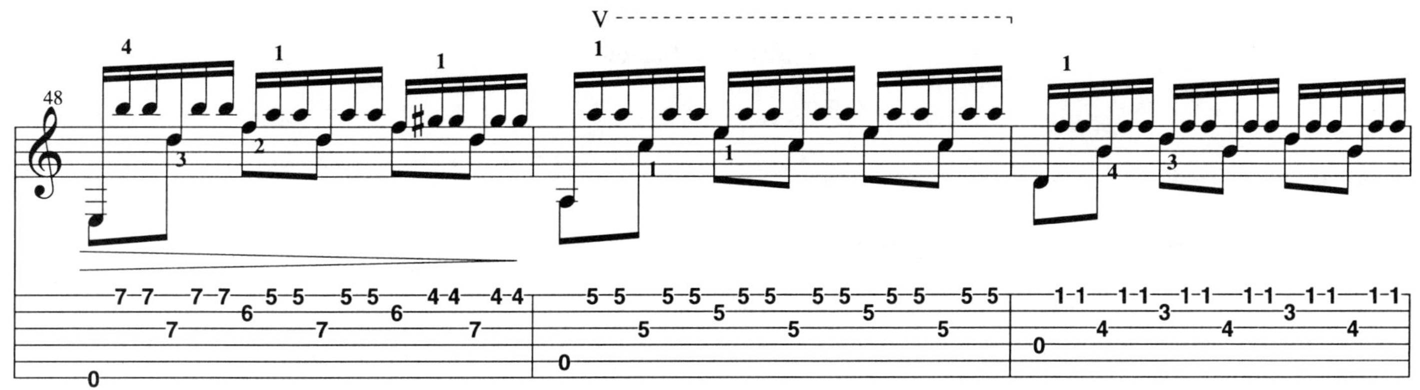

Un Sueño
Danza Habanera

Tempo di Danza

Composed and arr. by Luis T. Romero

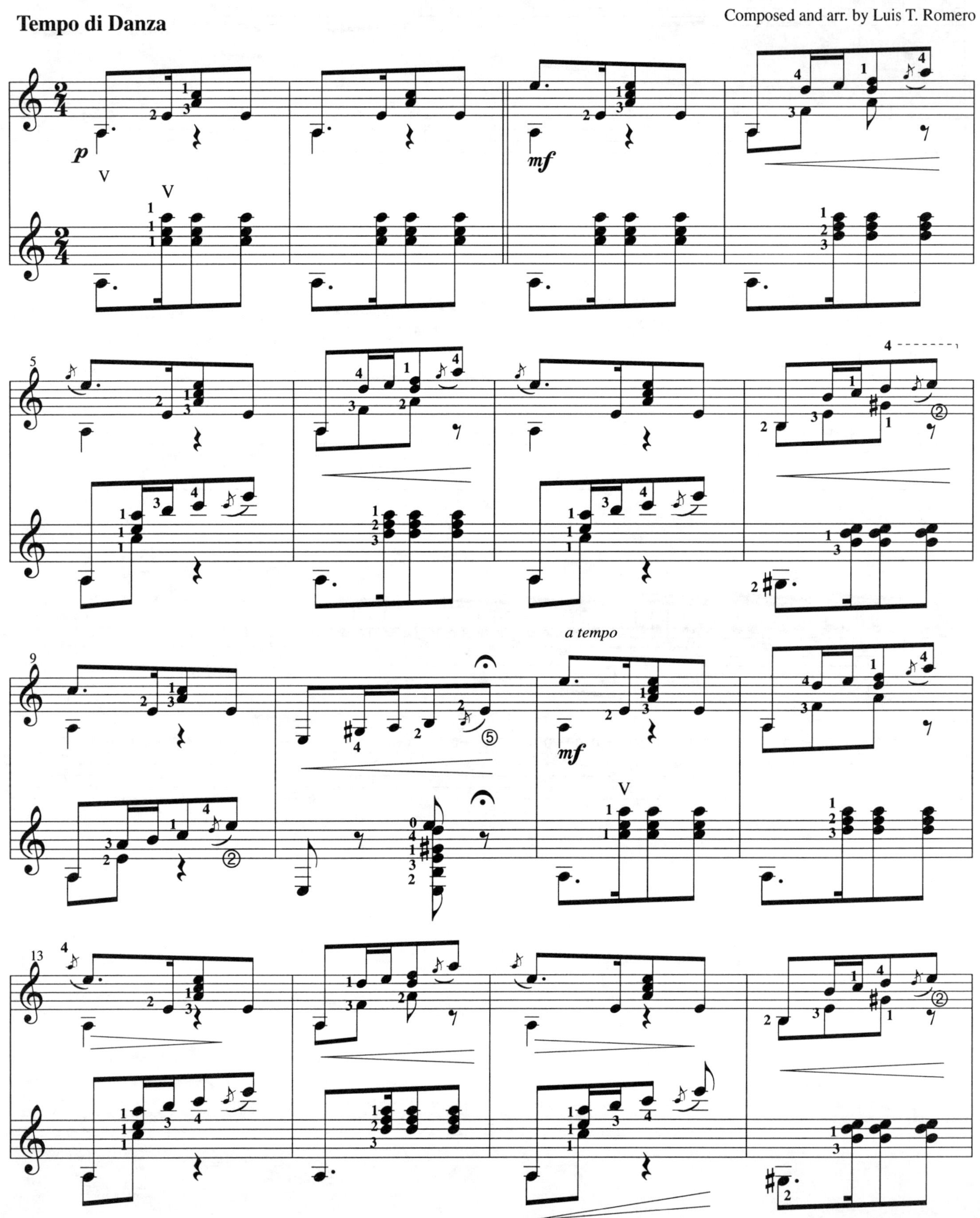

74

76

La Negrita

Danza

INTRO

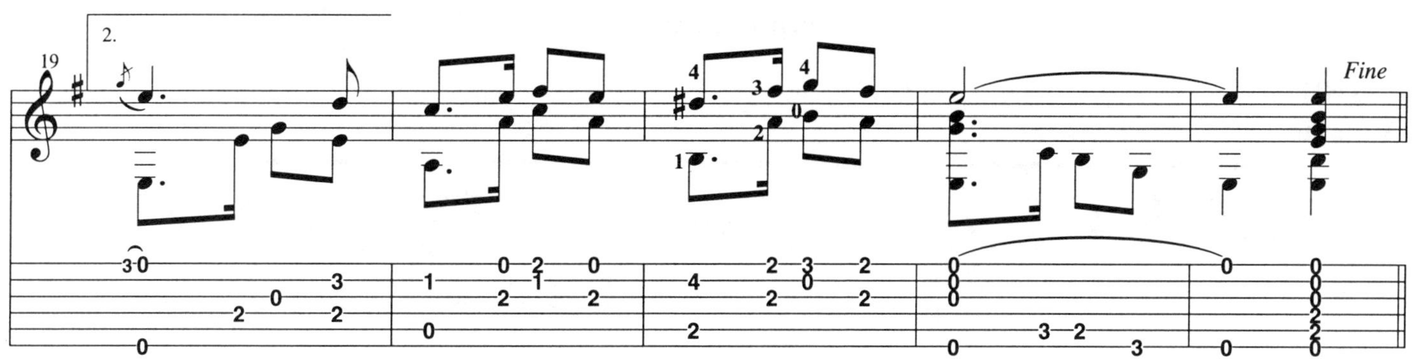
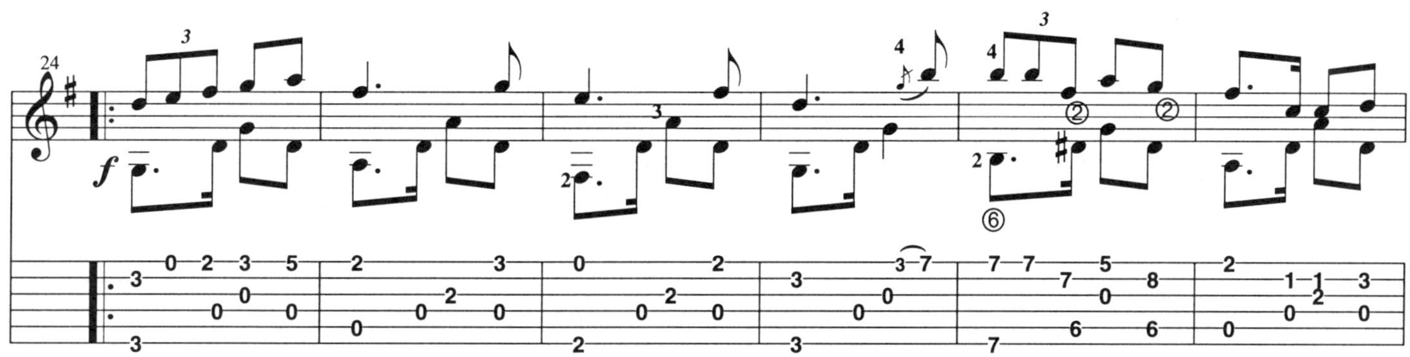

Isabel
With Variations

TEMA
Andante
V
4/6 II
p

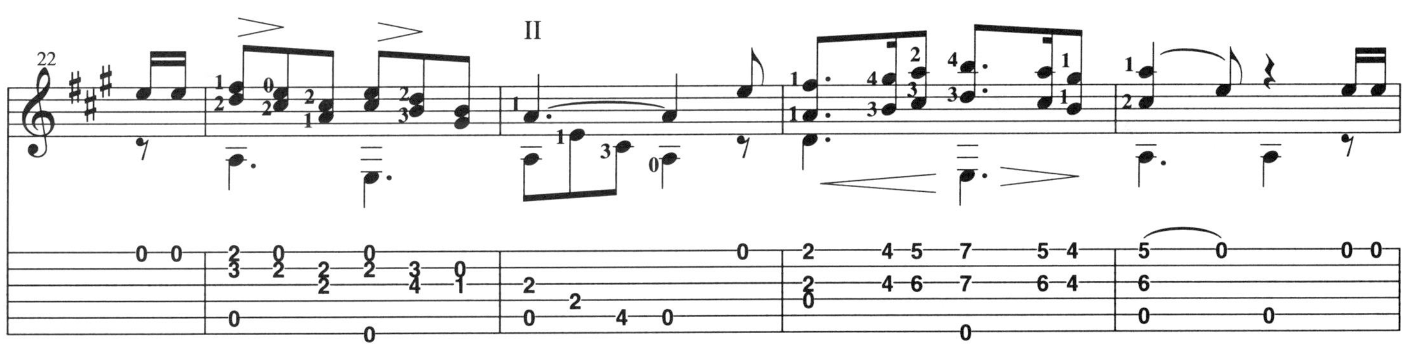

II

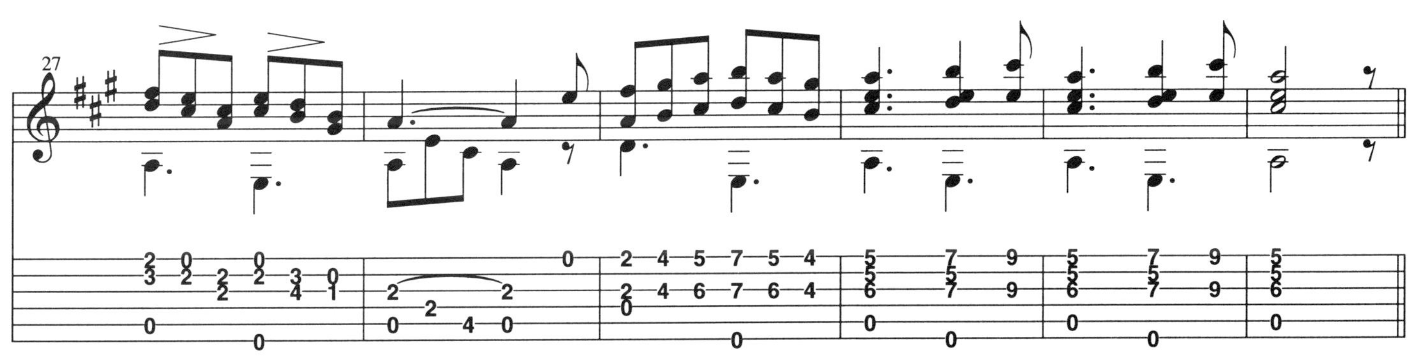

Var. 1

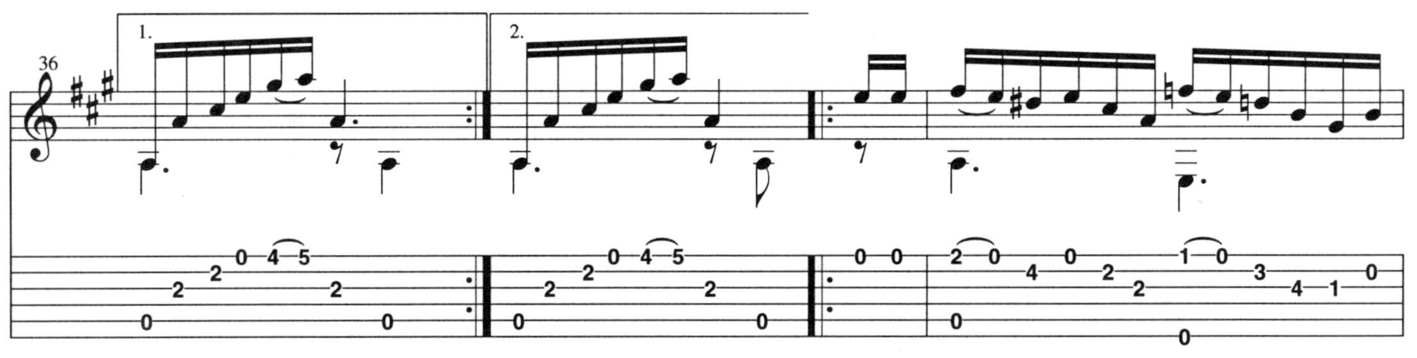
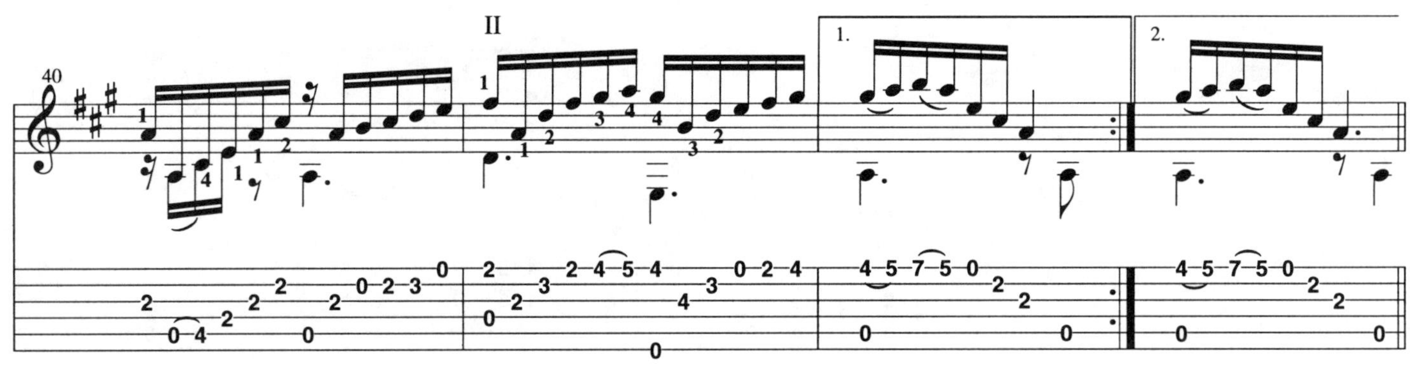
Var. 2
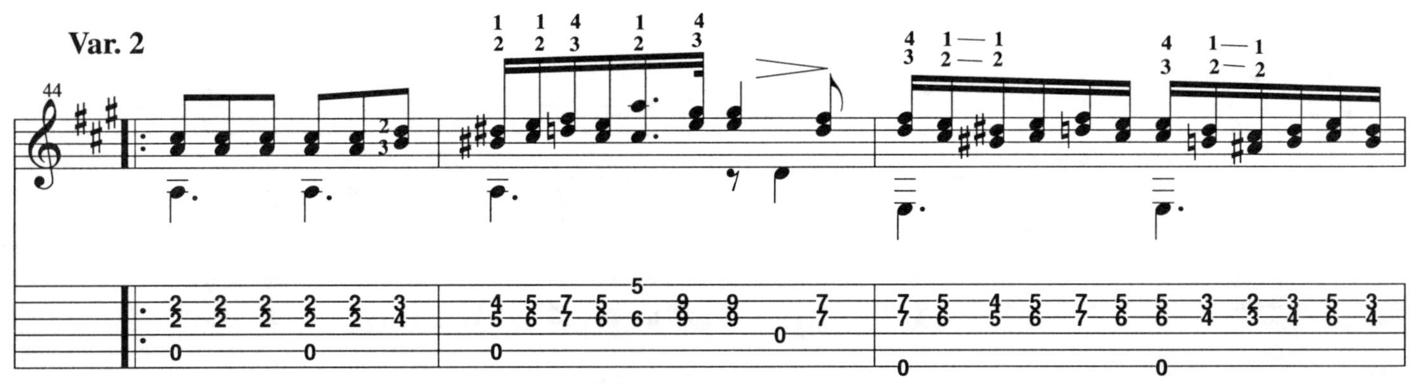

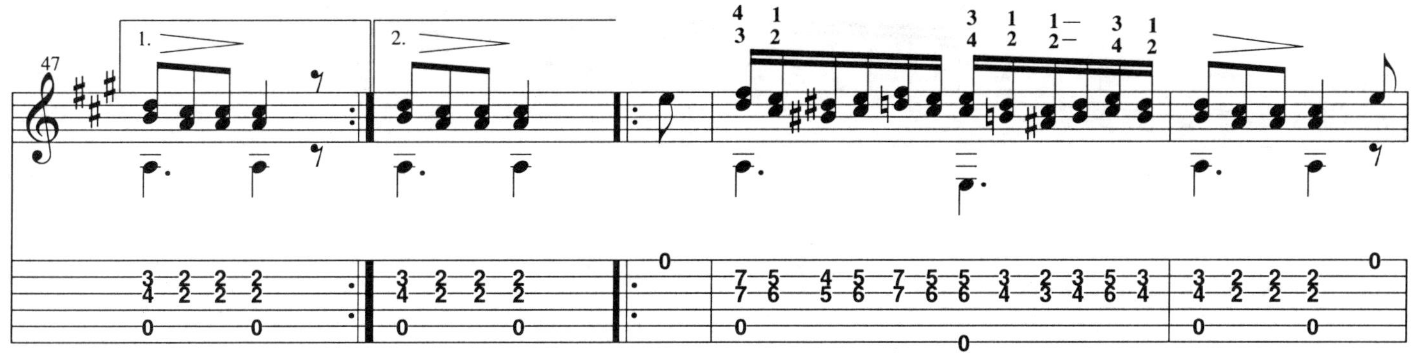
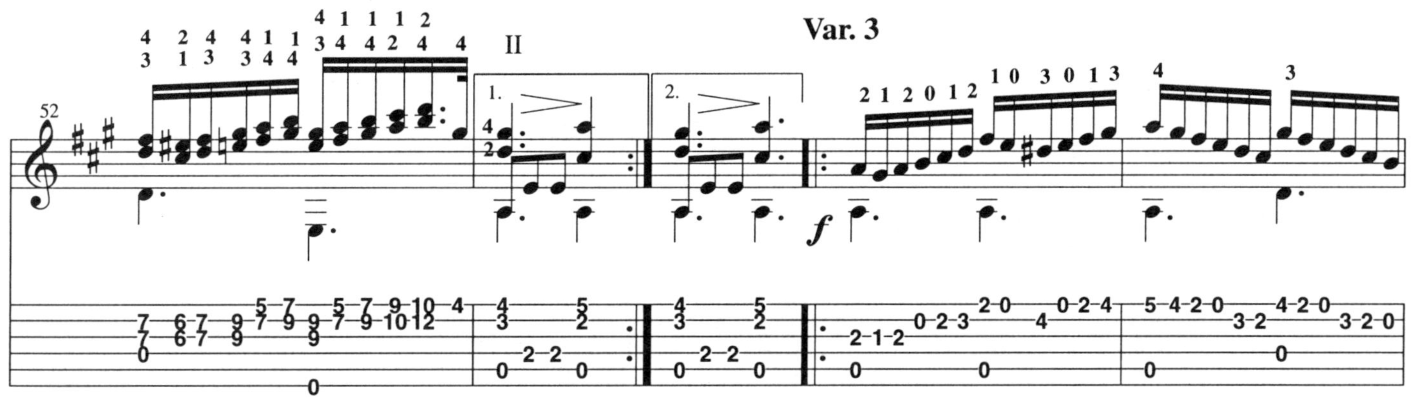

Var. 3

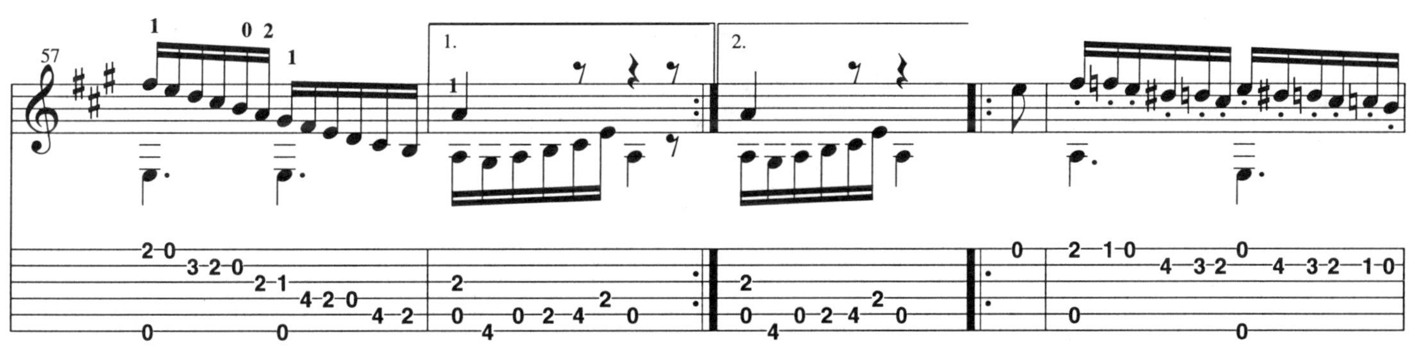

Var. 4

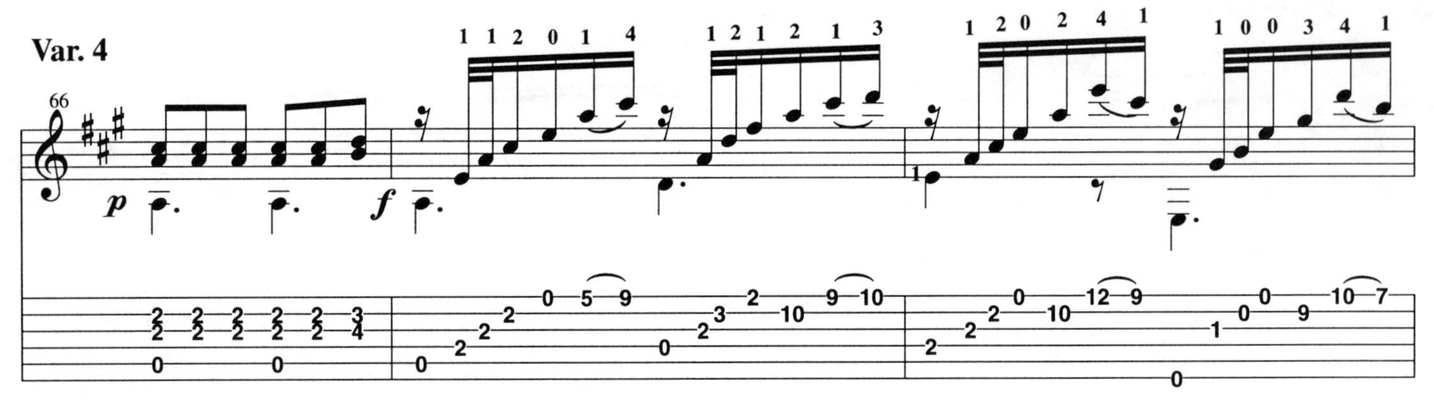
Var. 4

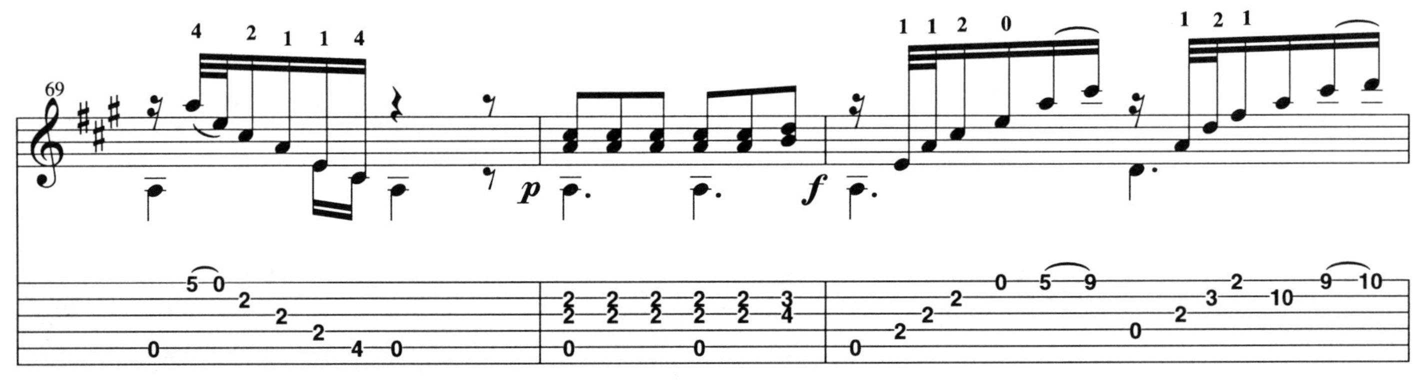

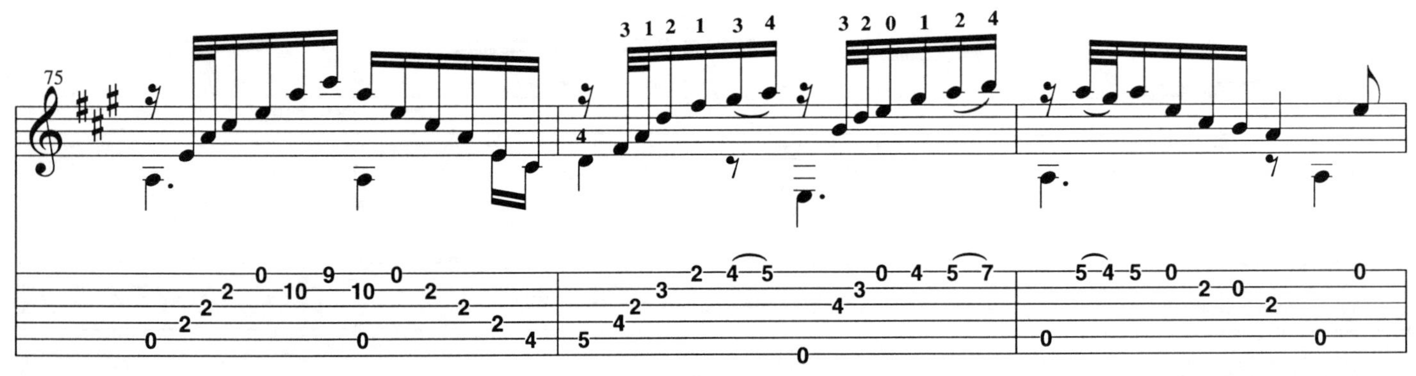

Var. 5

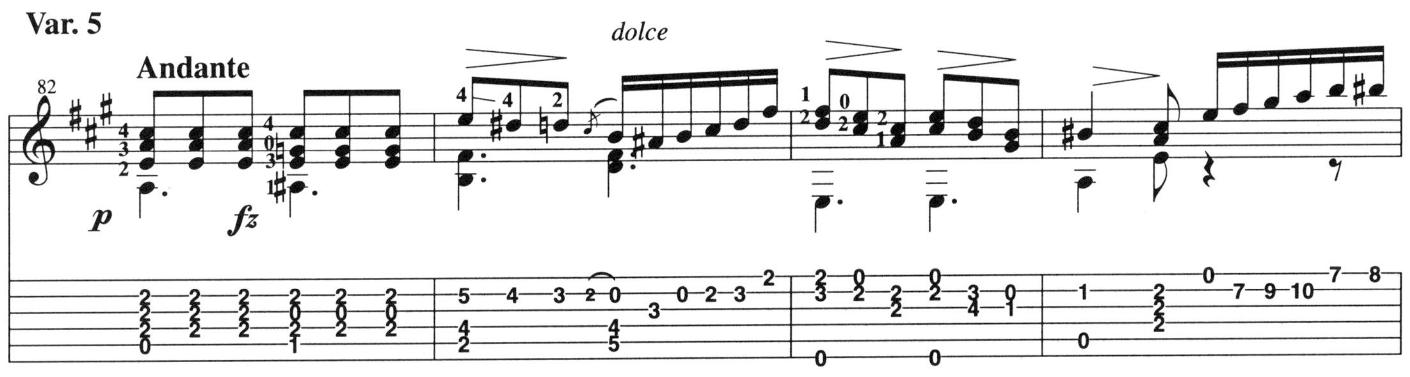

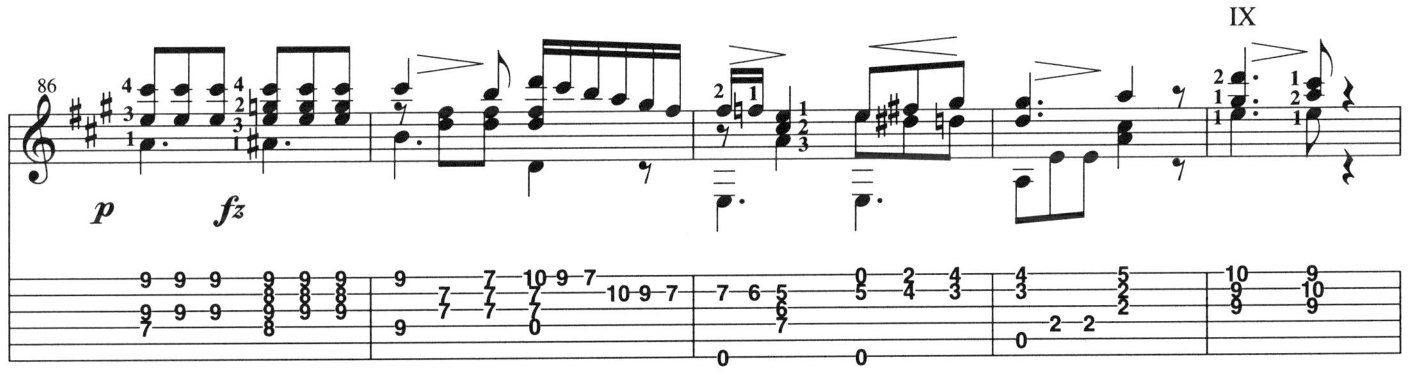

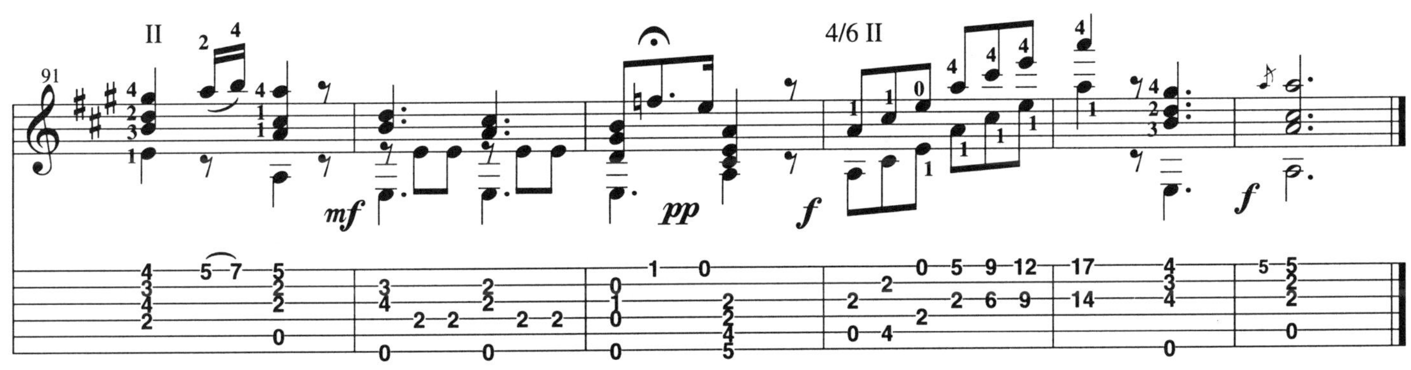

Serenade

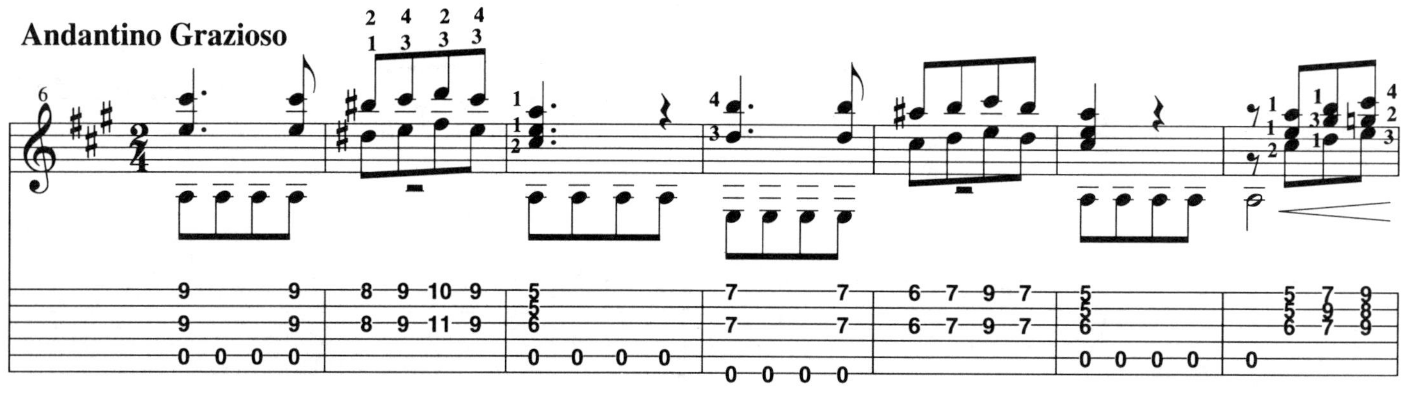

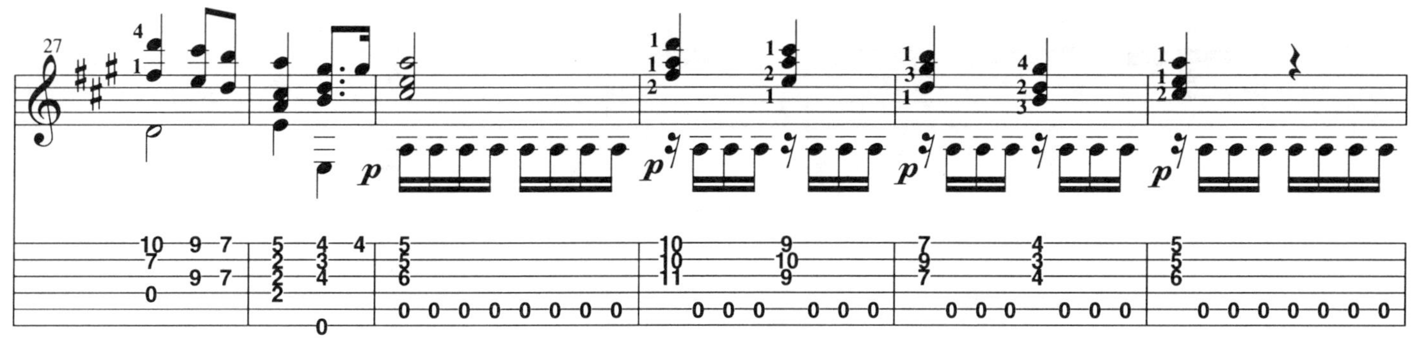
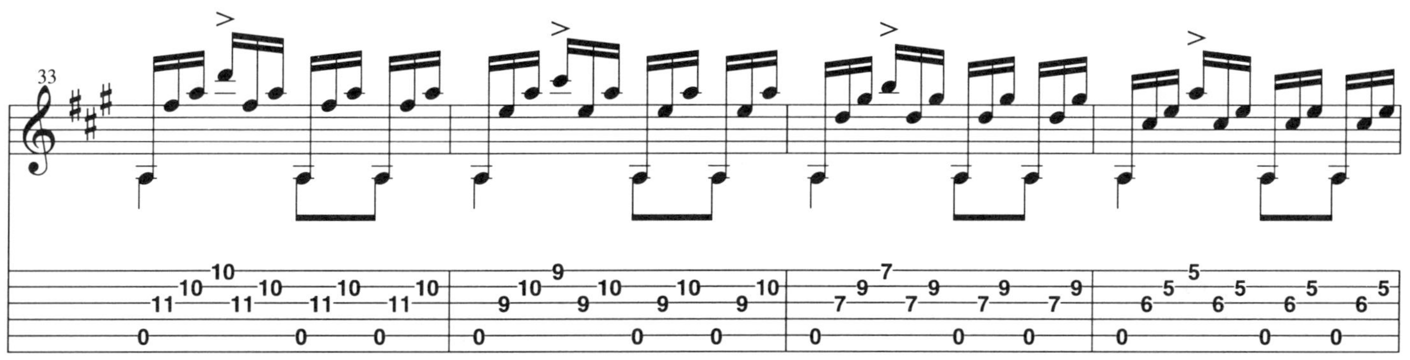
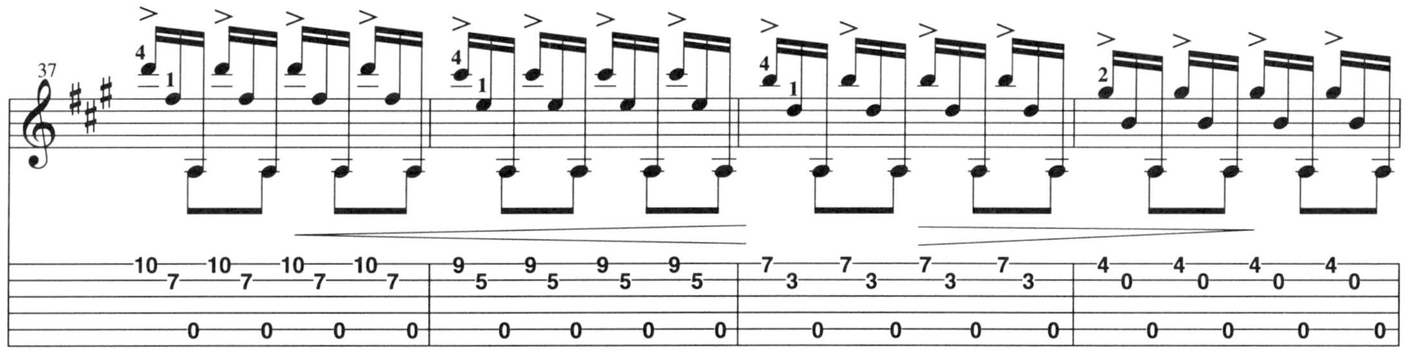
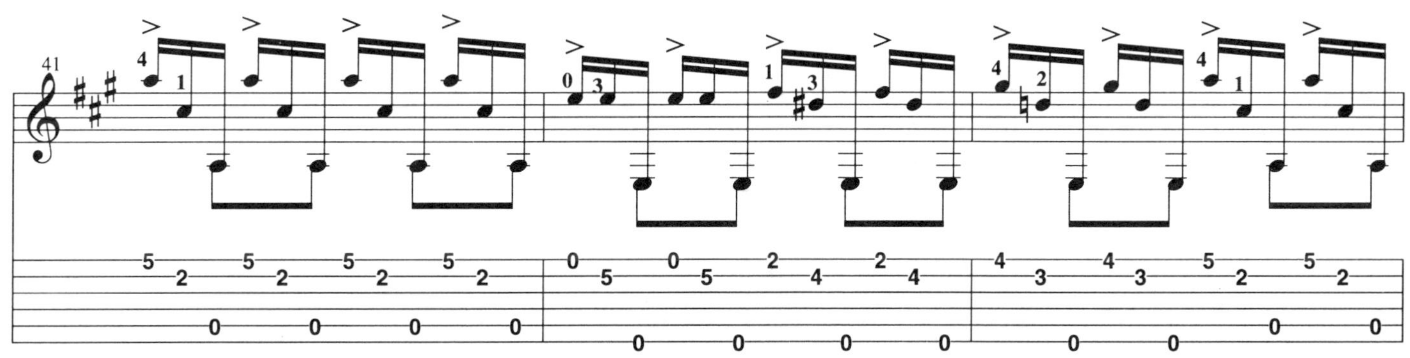

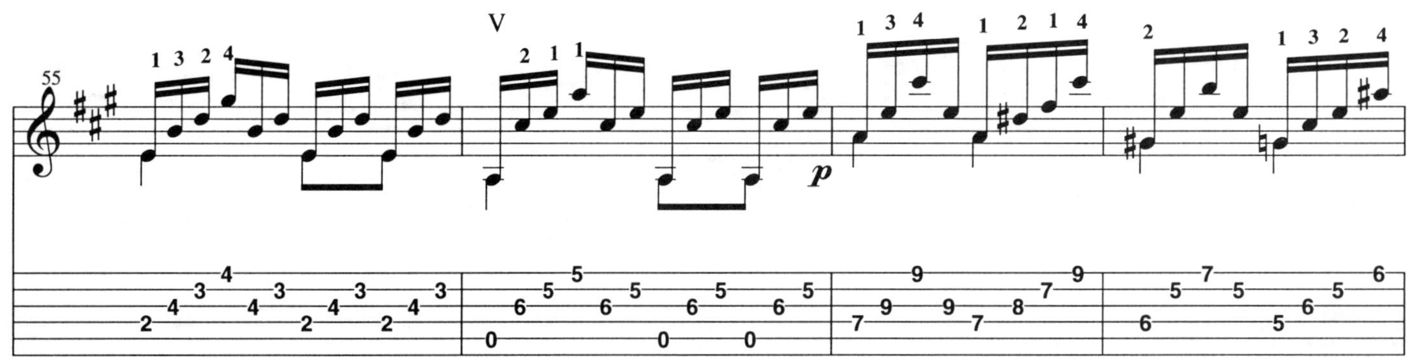

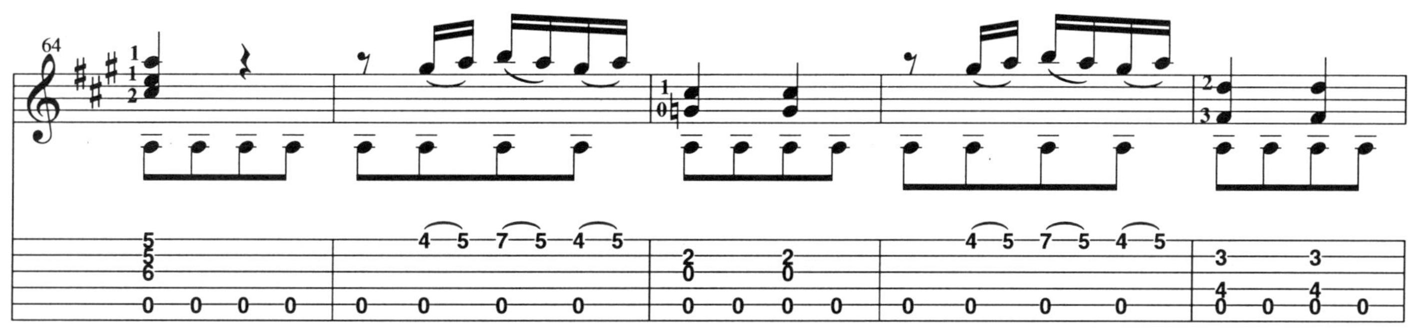
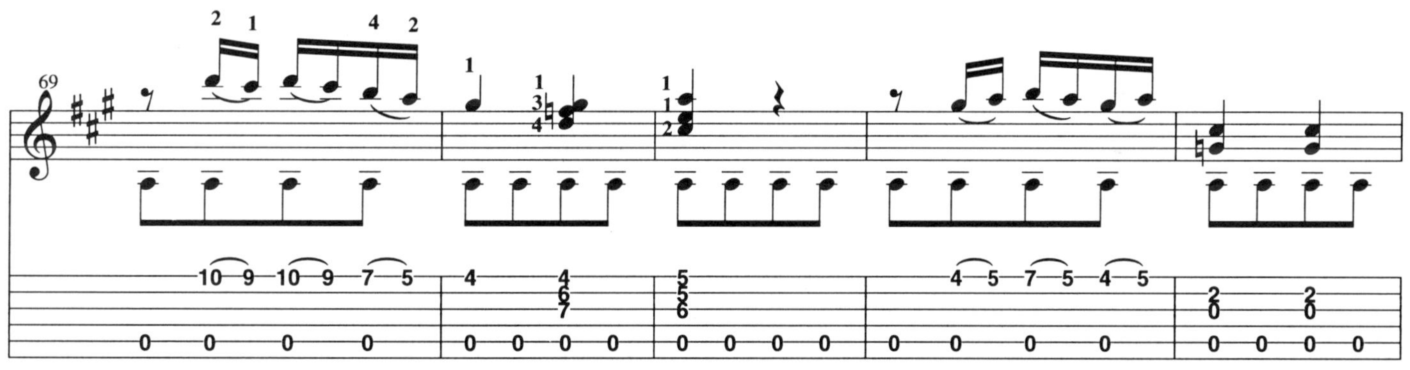
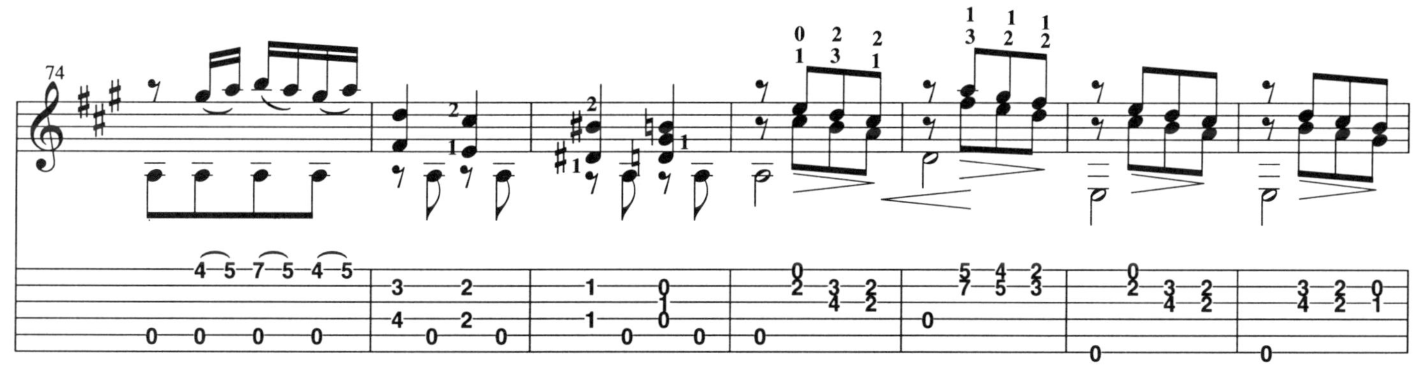

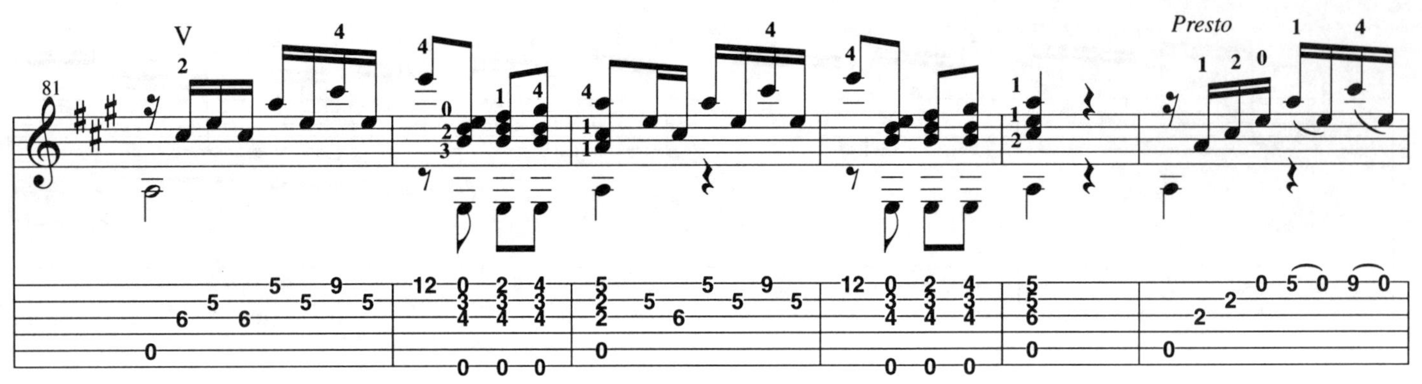
81
V
Presto

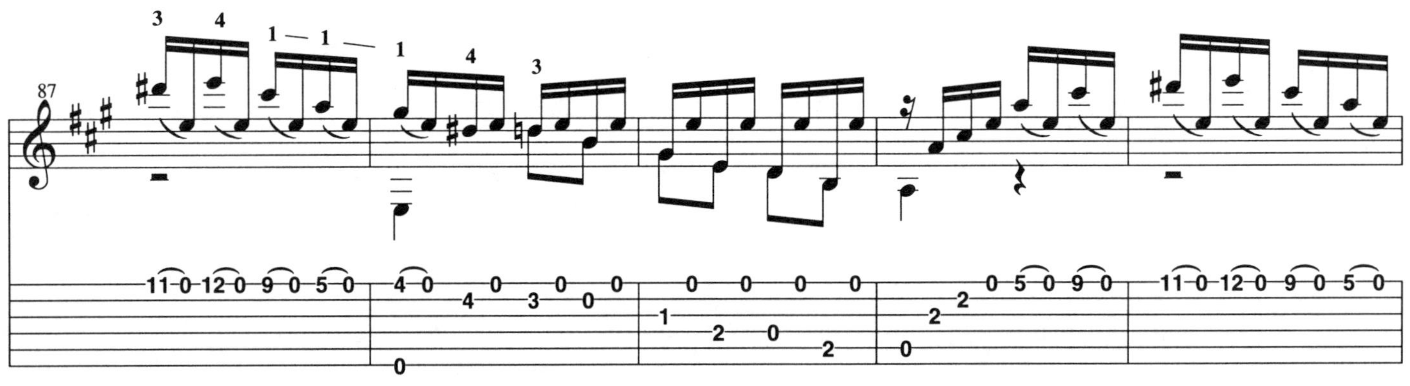
87

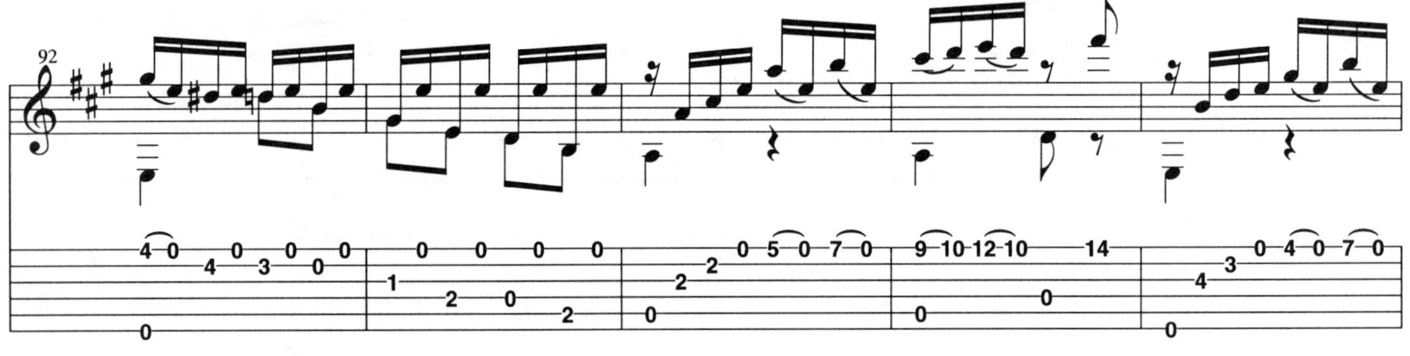
92

97
Adagio

Rondino

Cavatina

By Antonio Lopez

92

Spanish Cachucha

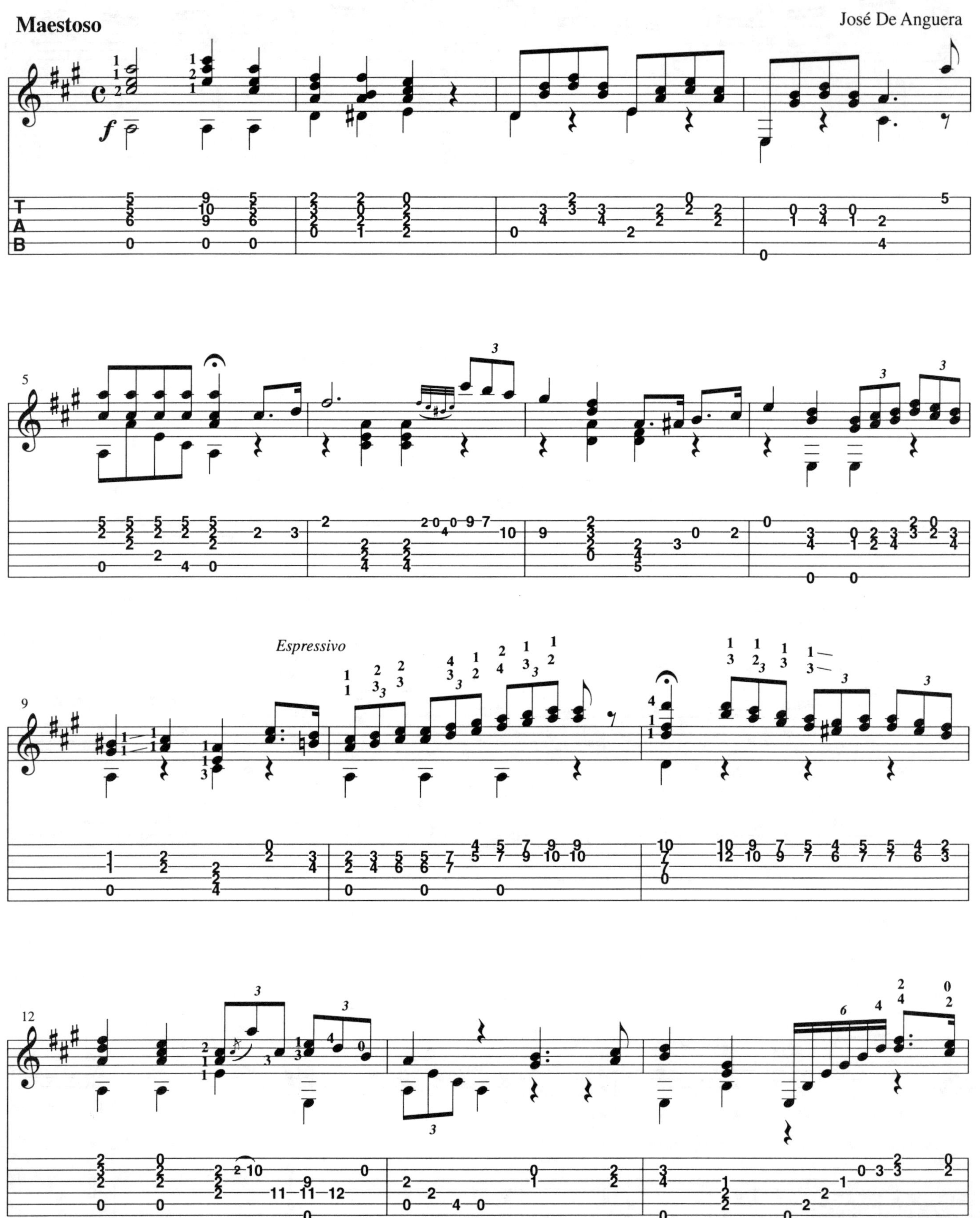

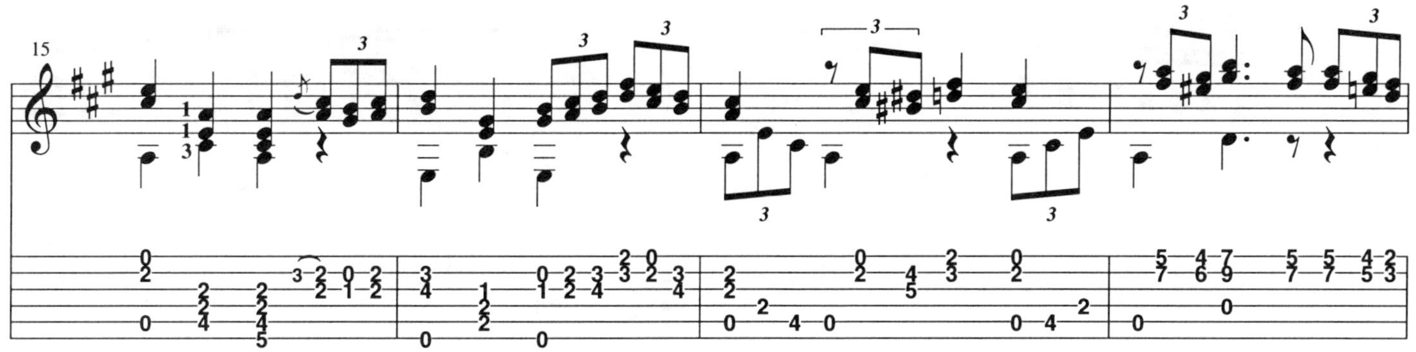

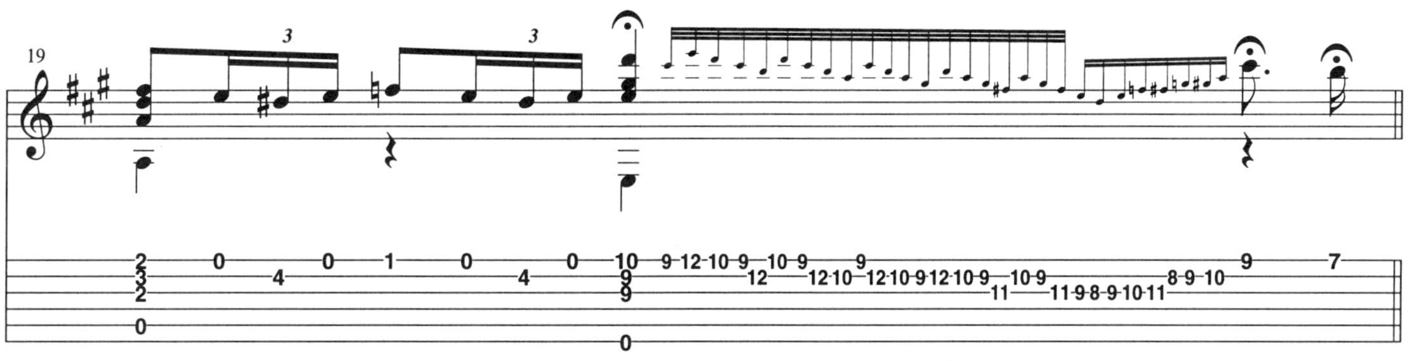

Allegretto

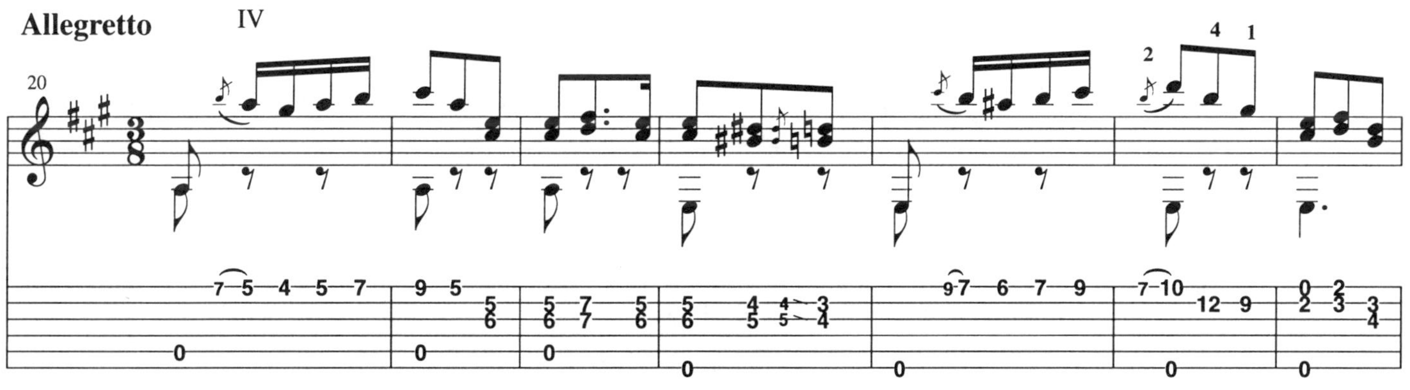

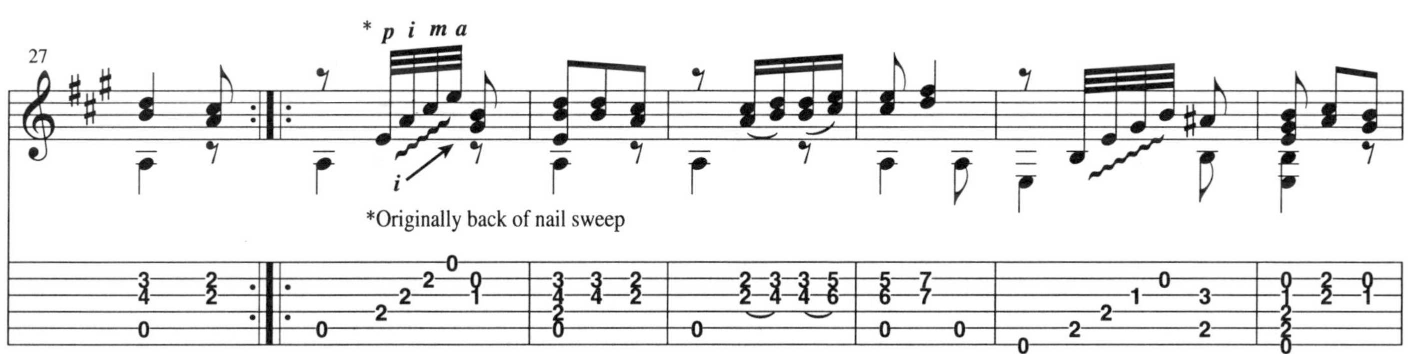

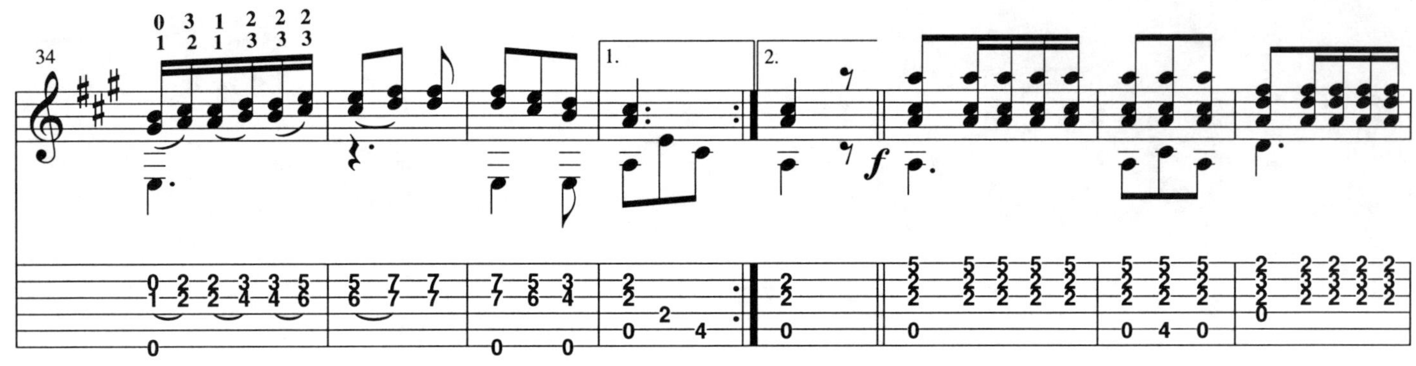

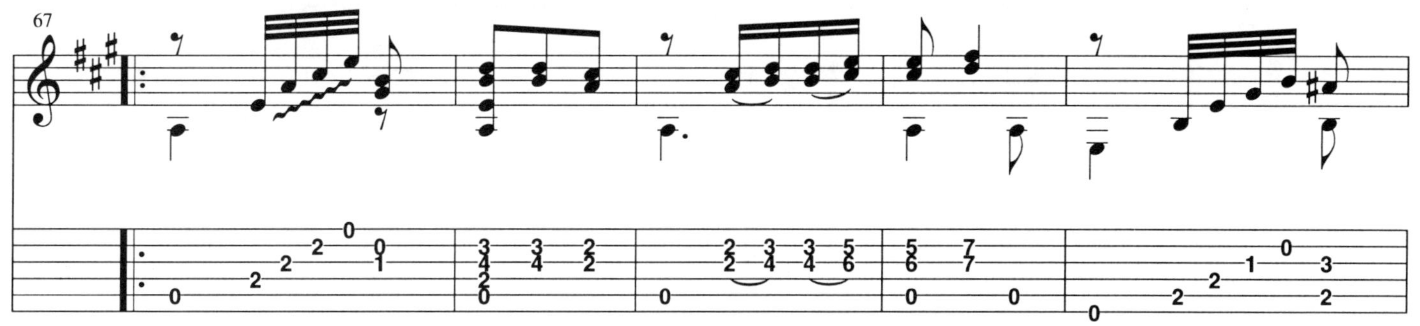
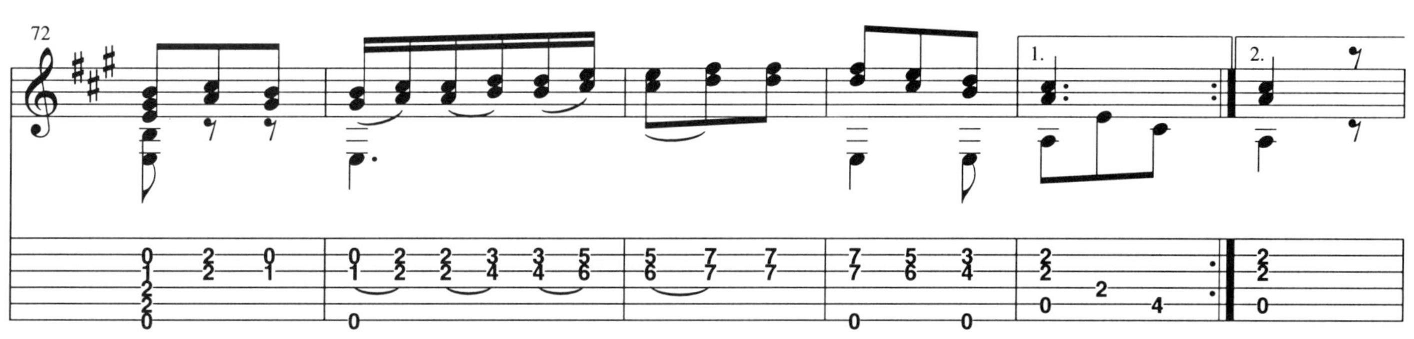
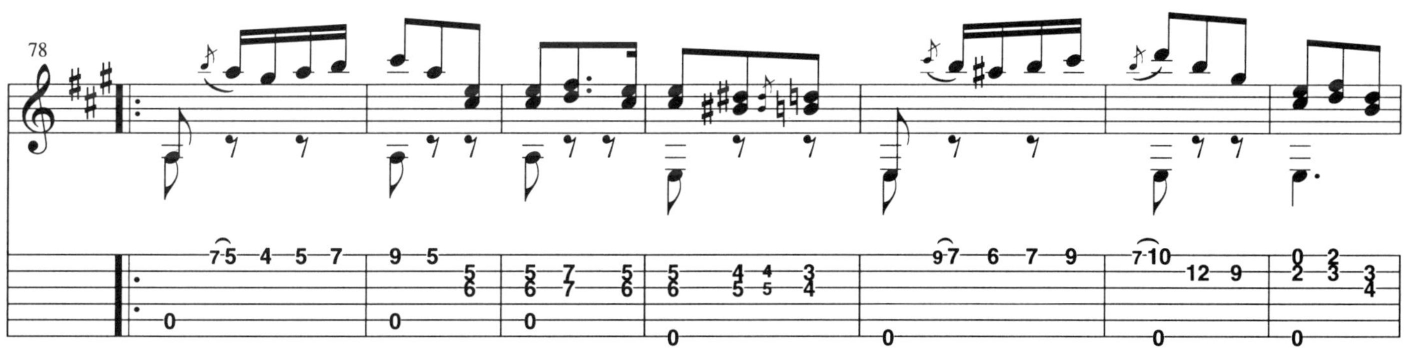
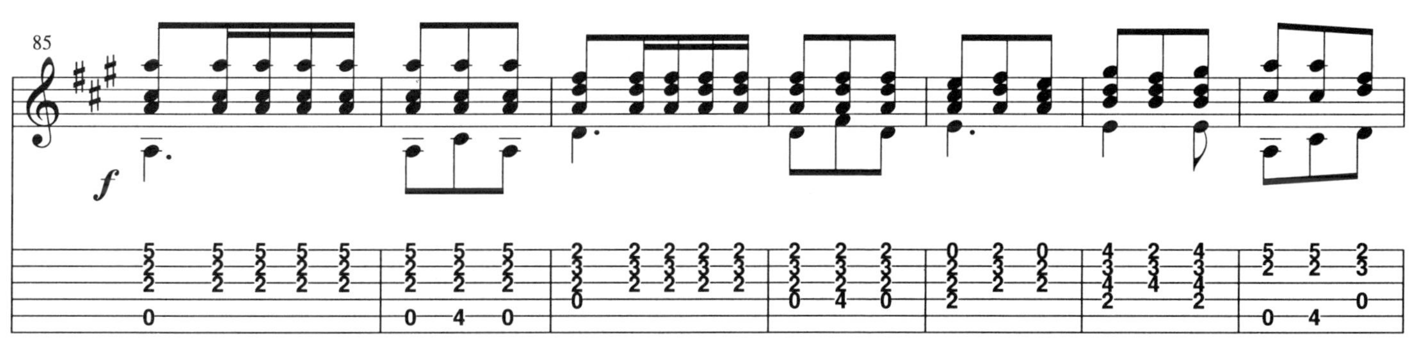

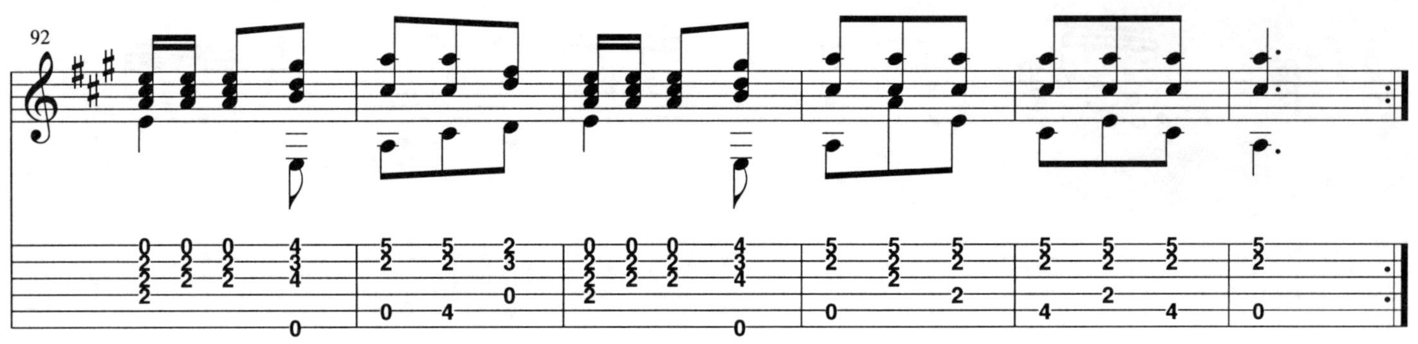

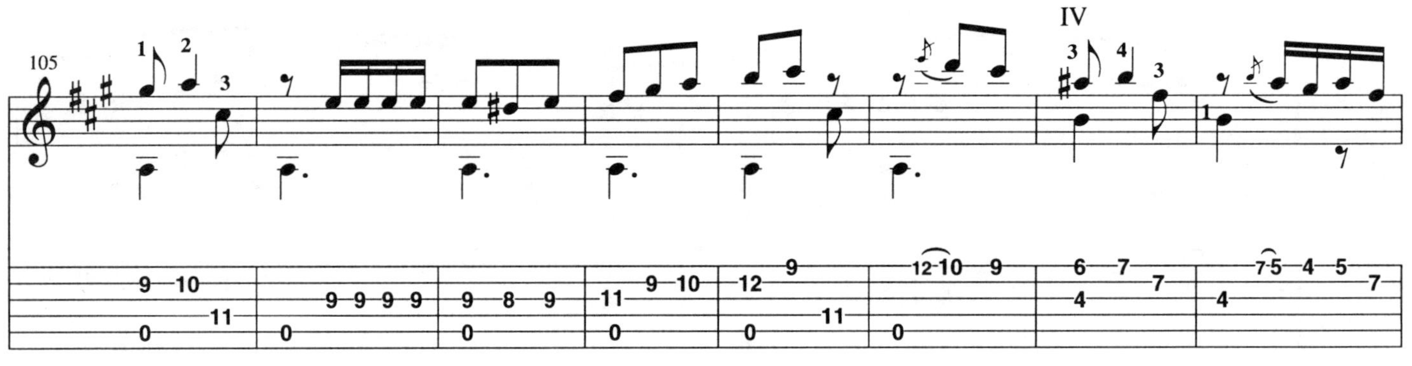

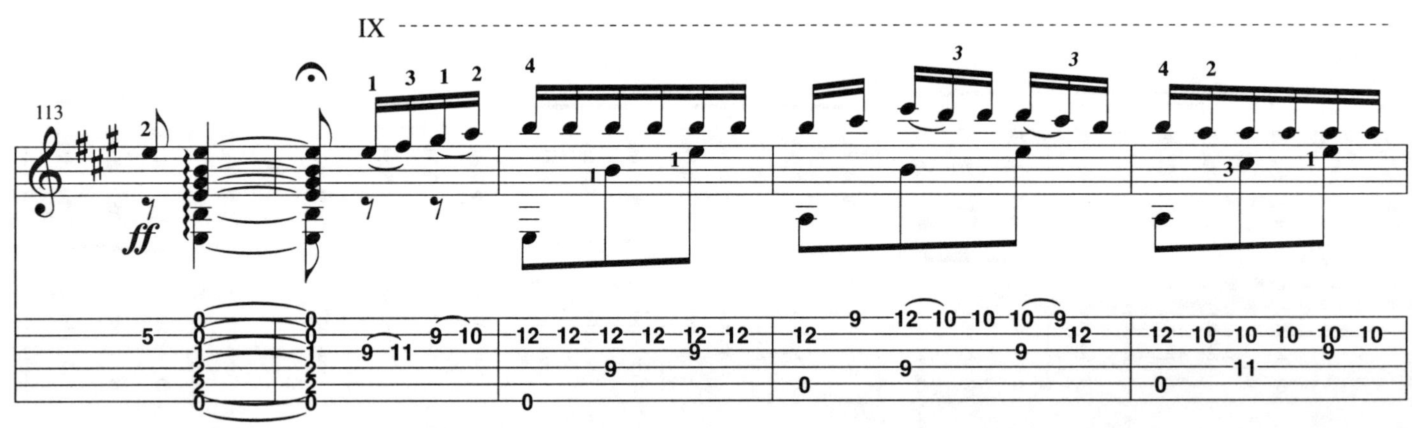

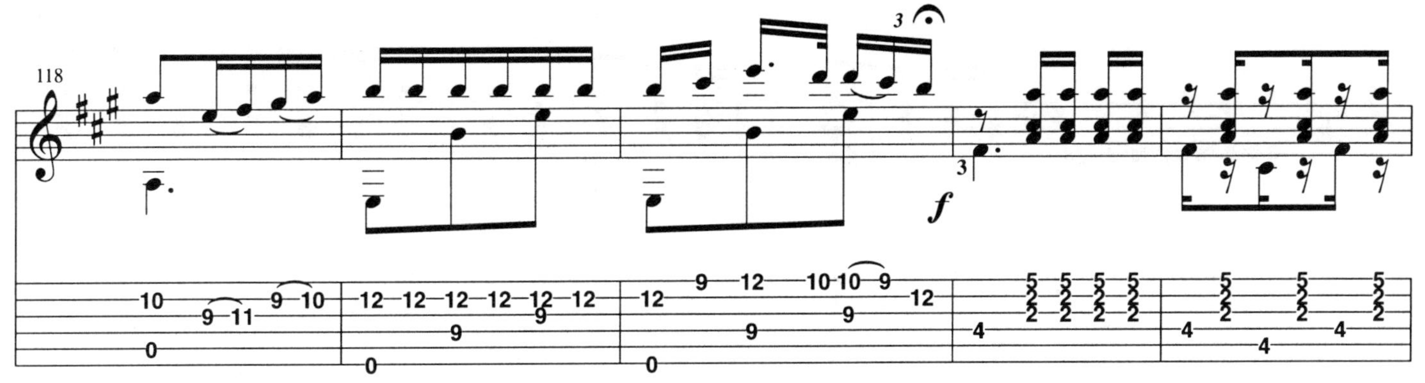

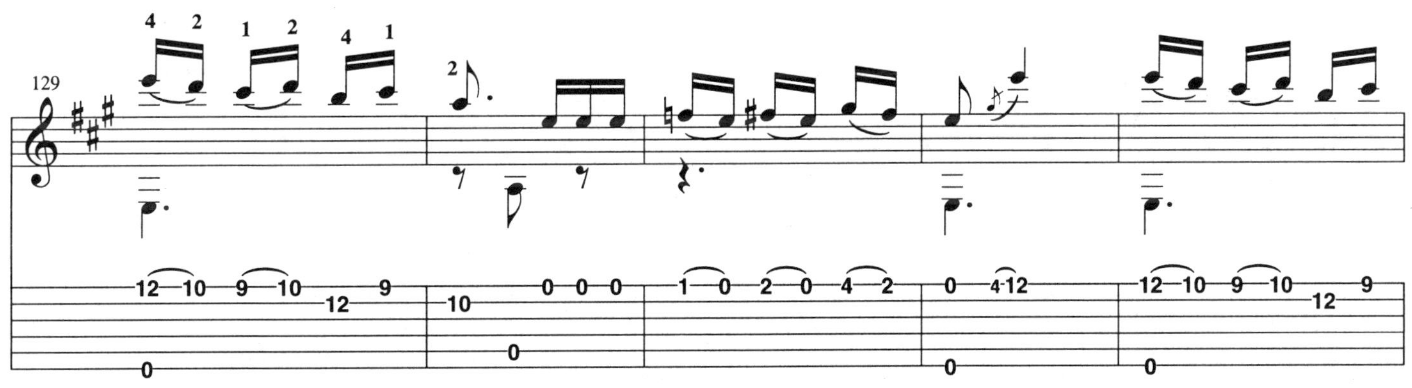

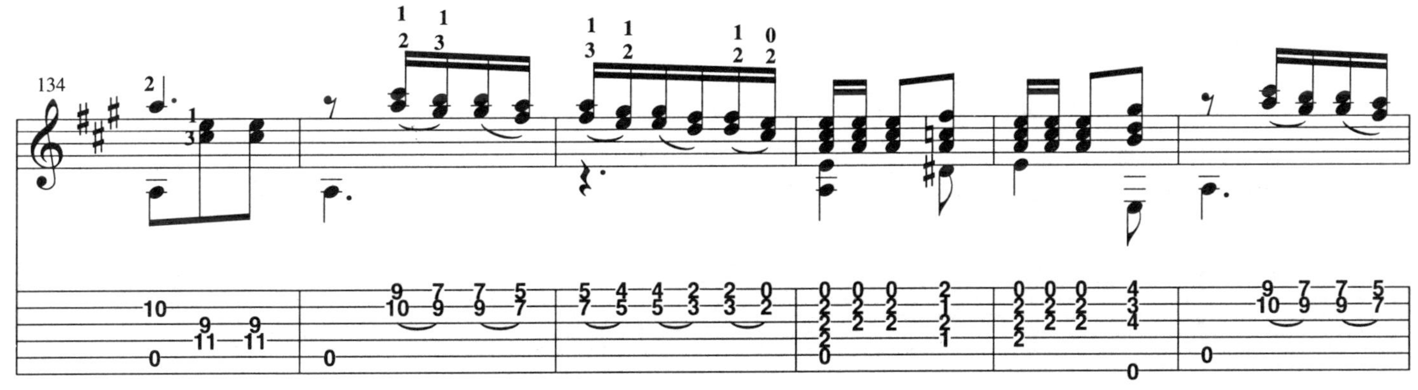

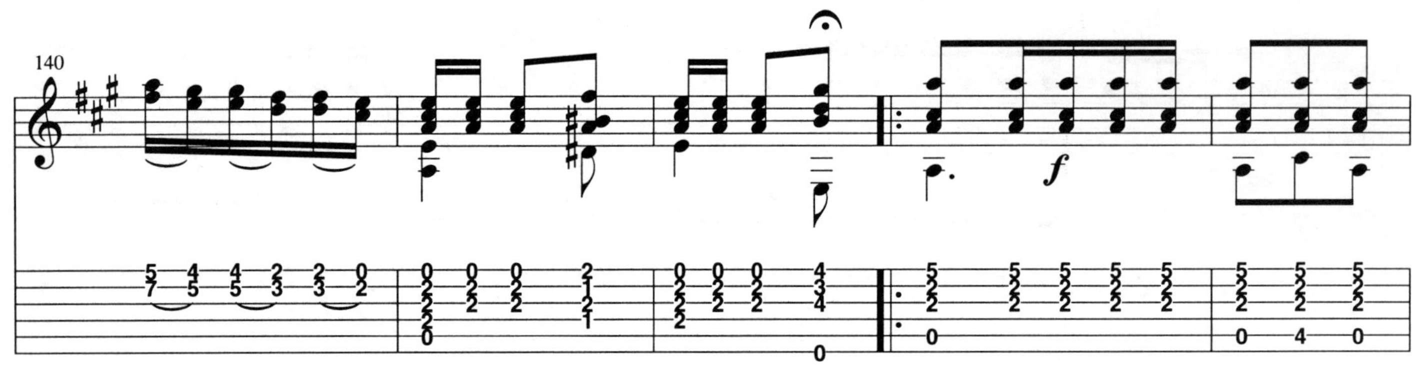

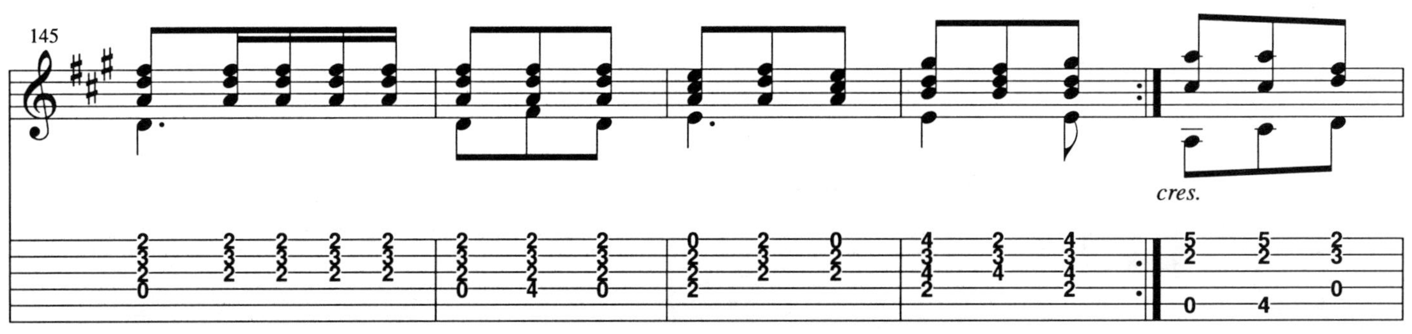
cres.

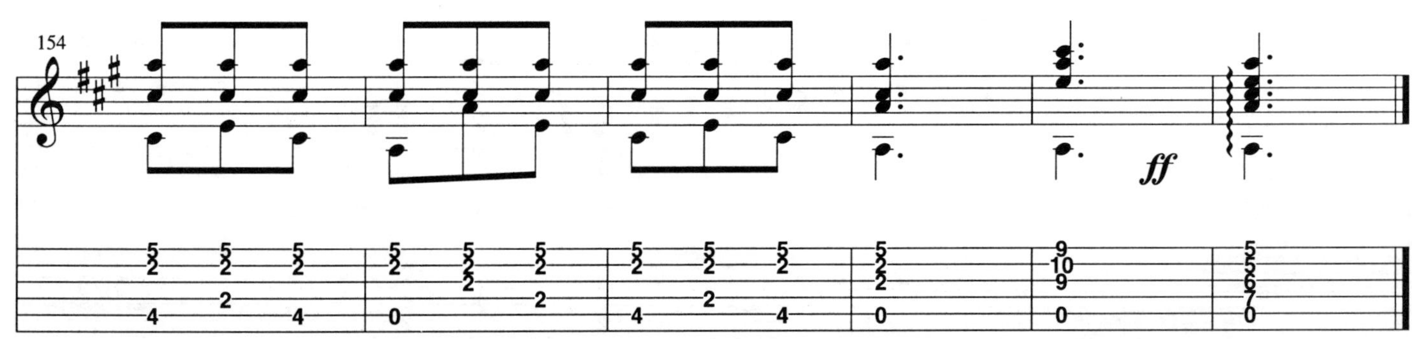

This page has been
left blank to avoid
awkward page turns

The Celebrated Spanish Retreat

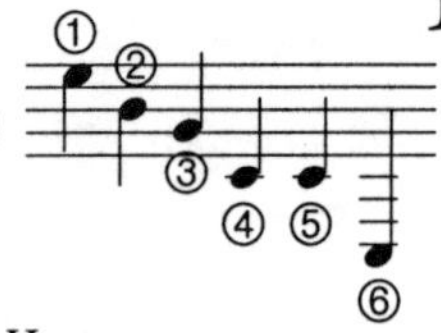

Arr. by José De Anguera

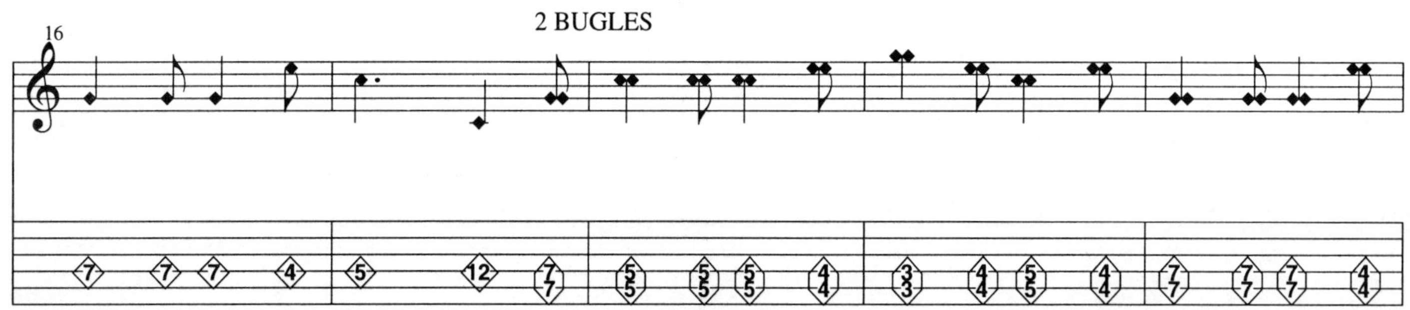

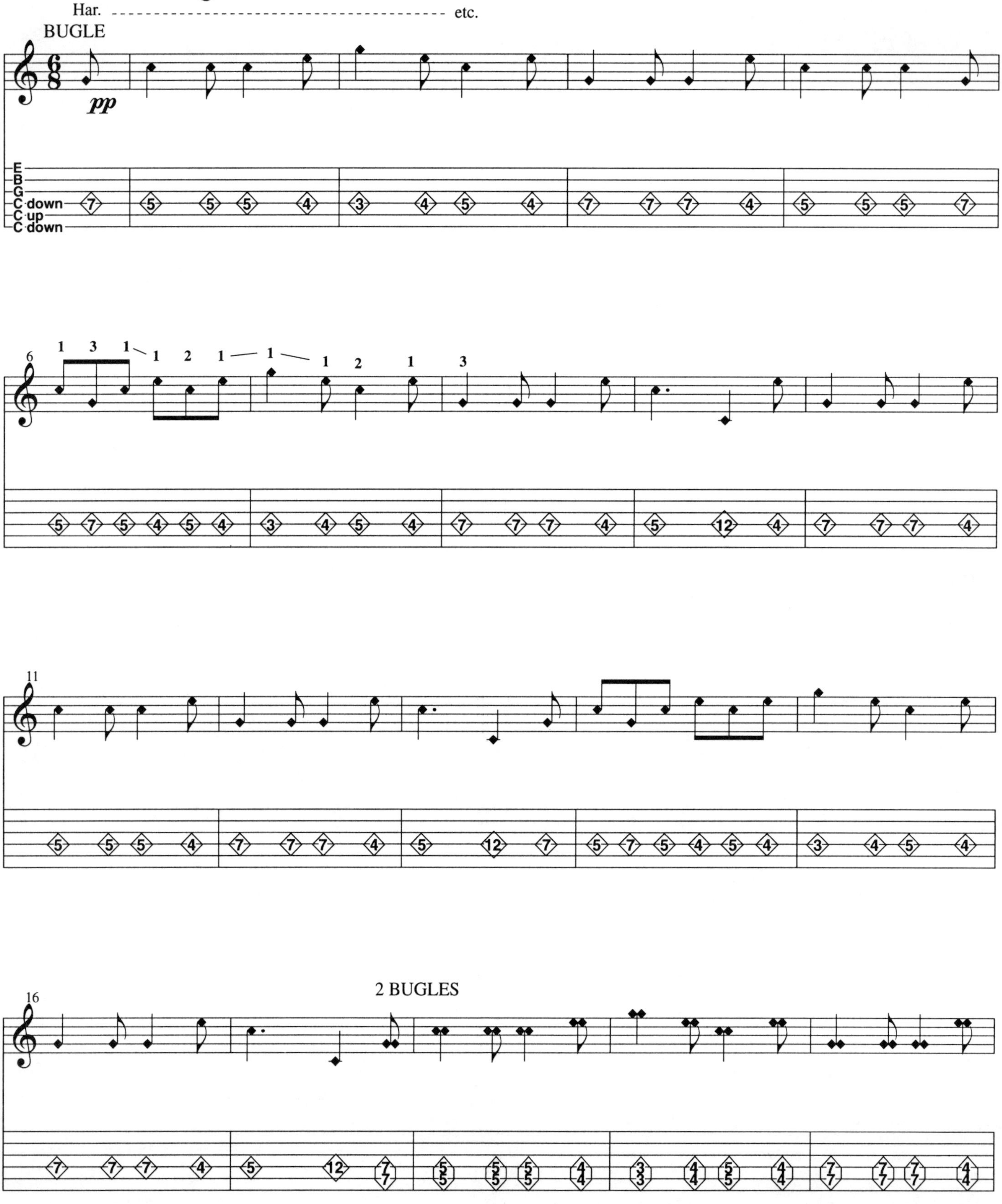

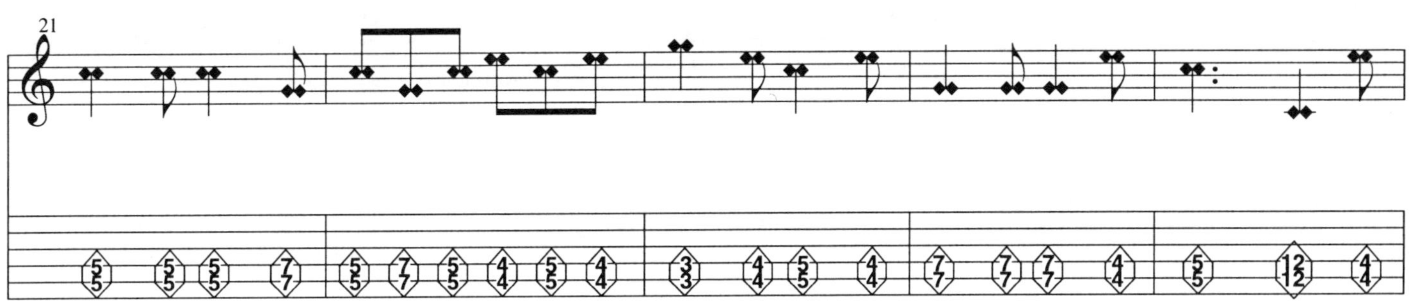

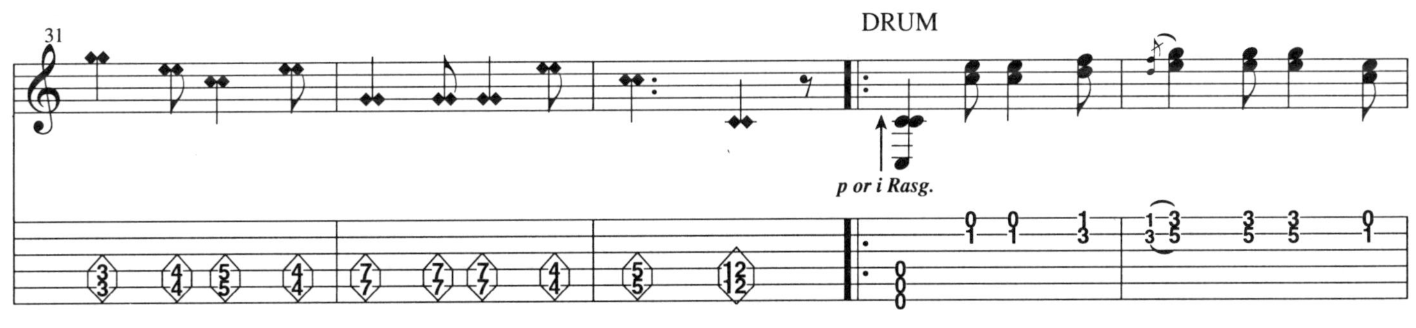
DRUM
p or i Rasg.

41
cresc

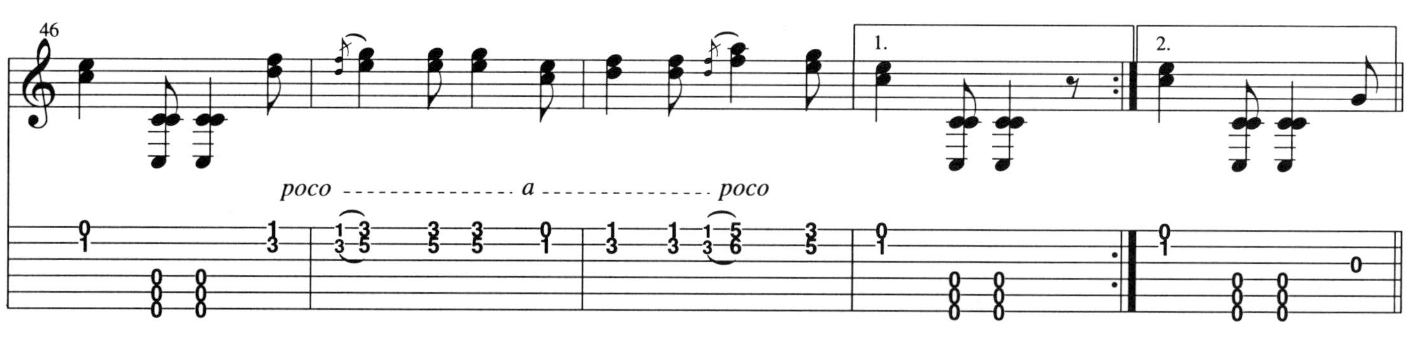

46
1.
2.
poco - - - - - - - - - a - - - - - - - - - poco

51
m
i
p
p
poco - - - - - - - - -

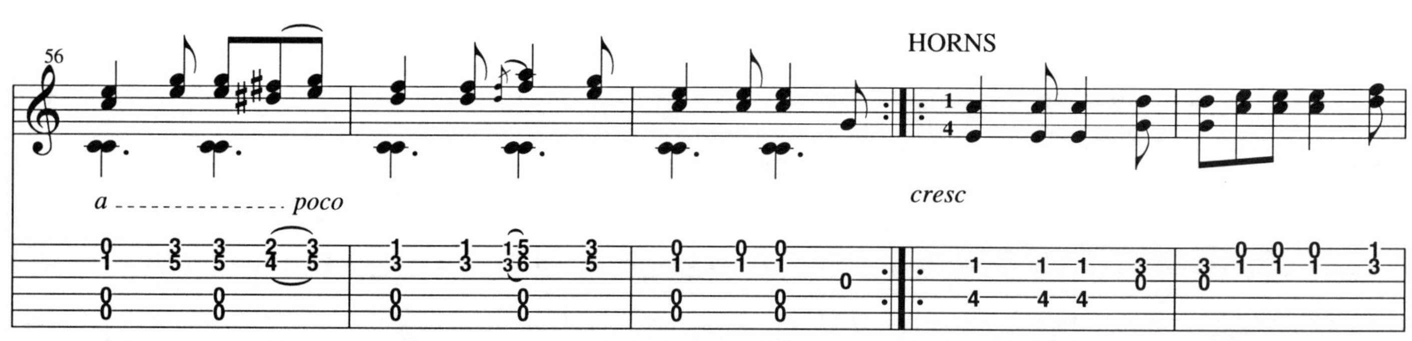

56
HORNS
a - - - - - - - - - poco
cresc

61
poco a poco

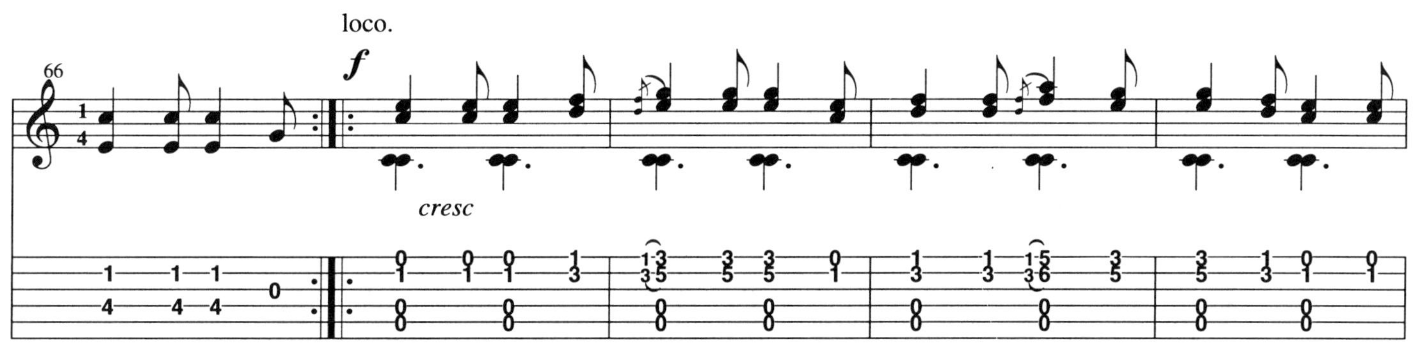
loco.
f
66
cresc

Har
BUGLES
71
poco
p or i

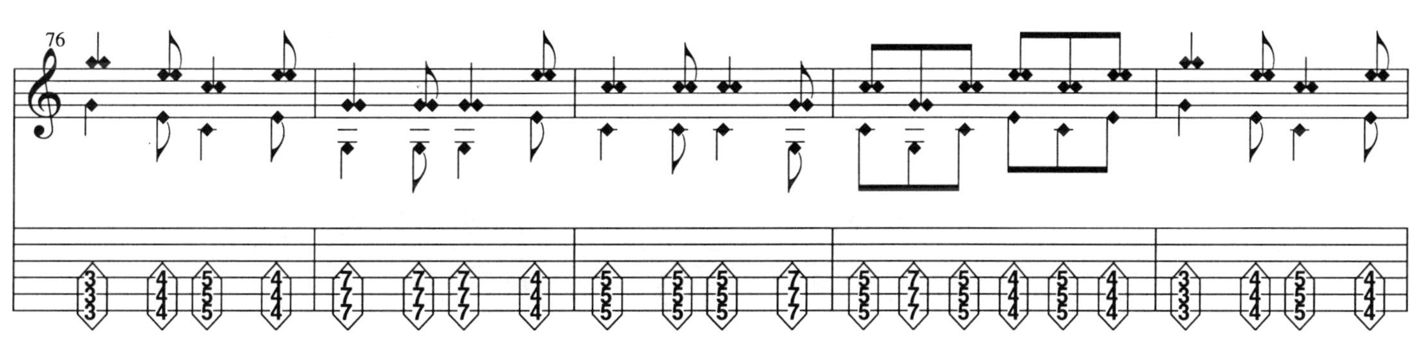
76

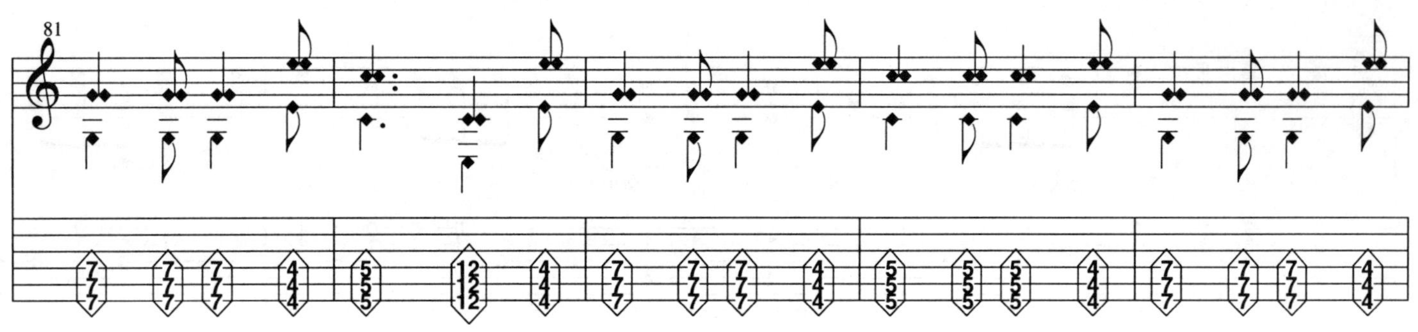

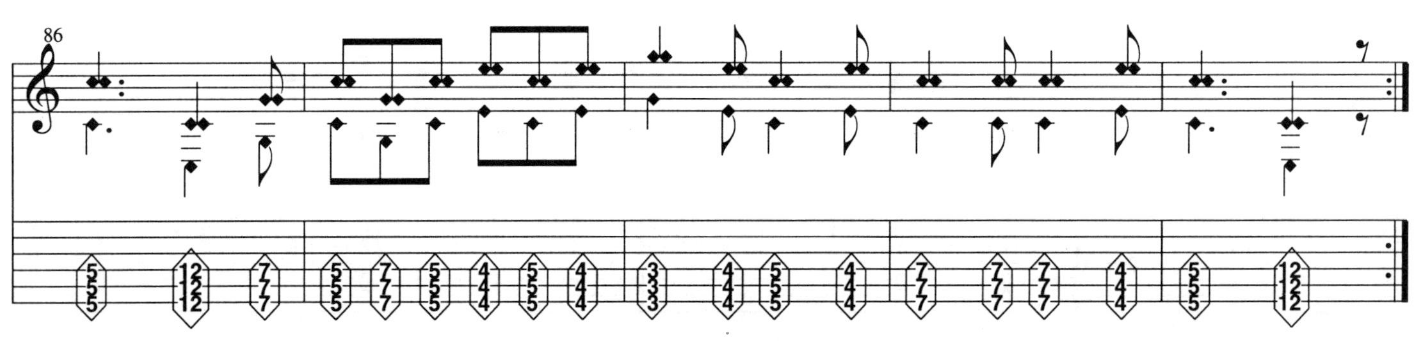

DRUM

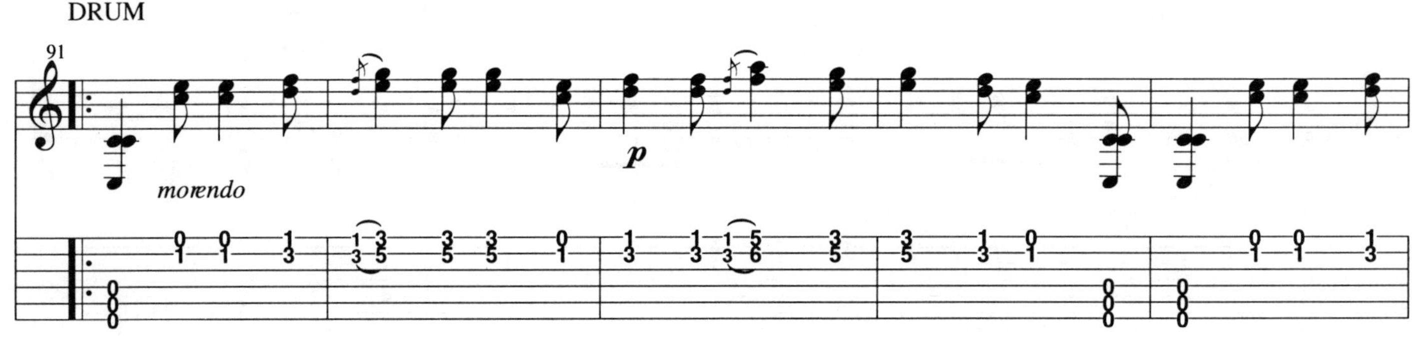

Har.
BUGLE
morendo

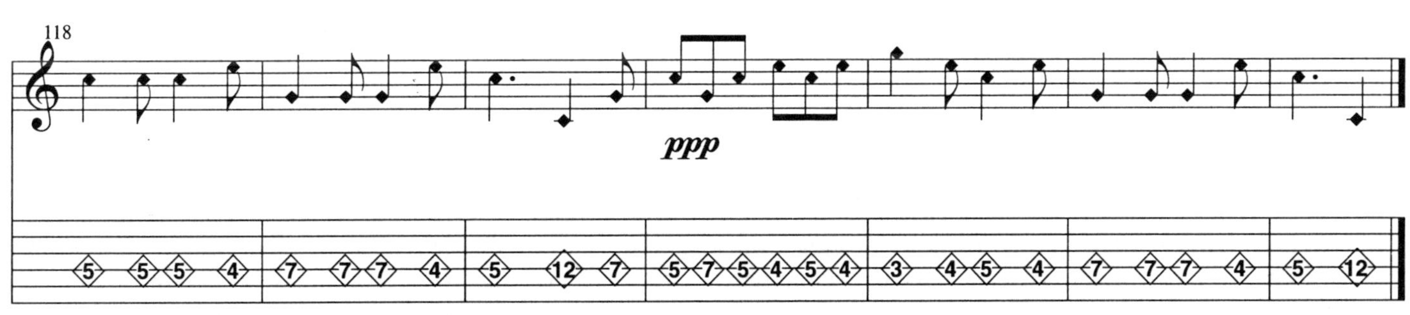

About the Author

"Douglas Back is known throughout legitimate music circles as a consummate musician. His work as a performer and educator on guitar, classic five-string banjo and mandolin has elevated Back to position few in the fretted instrument world could hope to achieve. From his virtuoso renditions of classic banjo pieces of the past, to his recordings of classical guitar works, Doug Back's enviable reputation as musician, educator and performer are certainly well deserved," wrote FIGA (Fretted Instrument Guild of America) magazine editor Johnny Baier.

While earning undergraduate and graduate degrees in music performance (classical guitar and lute) Mr. Back studied at the St. Louis Conservatory, The University of Missouri-St. Louis, and The Florida State University. As a student, he won top prize in The George C. Krick Memorial Guitar Competition in 1981. A recipient of a prestigious National Endowment for the Arts Recording Grant in 1993, Mr. Back was the first to record the solo guitar music of American guitarist William Foden (1860-1947) in a critically acclaimed album entitled *American Pioneers of the Classic Guitar*. Soundboard magazine noted his performance of this music at the 1996 Guitar Foundation of America's International Festival to be "a commendable merger of scholarship and performance. Thoroughly entertaining!" A concert review in the St. Louis Classical Guitar Society's newsletter stated that Back is "possibly the world's most able performer of these neglected works." "Douglas Back plays it all with huge gusto and no little ability" wrote Classical Guitar magazine (UK) .

Back is a past author of three anthologies and companion recordings of classic guitar music for Mel Bay Publications, and his articles and reviews have appeared in Guitar Review, Soundboard, FIGA (Fretted Instrument Guild of America), Mandolin Quarterly, British BMG, The 5-Stringer, American Record Guide, and Filipinas magazine. He has appeared as a soloist on classical guitar, classic banjo, plectrum banjo, renaissance lute and mandolin in concerts throughout the United States, Australia, and The Philippines. His performances and interviews have been broadcast on National Public Radio's "All Things Considered," NPR's syndicated broadcast "150 Years of the American Fingerstyle Guitar Concert," and ABC National Australian Radio and Television. Mr. Back is also acclaimed for his direction of "Fretworks" a mandolin and guitar youth orchestra at Baldwin Arts and Academic Magnet School in Montgomery, Alabama, the first of its kind in the United States. In addition, he teaches classical guitar at Troy State University in Troy, Alabama.

Sobre el Autor

Douglas Back es conocido en los círculos musicales legítimos como un consumado músico. Su trabajo, como intérprete y educador de guitarra, banjo de cinco cuerdas y mandolina, ha elevado a Back a una posición a la que pocos en el mundo de instrumentos de cuerda han podido ocupar. De su virtuosa ejecución de piezas clásicas del pasado en banjo hasta sus grabaciones de obras para guitarra clásica, Johnny Baier, editor de FIGA *(Fretted Instrument Guild of America)* comentó: « La envidiable reputación de Doug Back como educador e intérprete es sin duda bien merecida.»

Back hizo sus estudios superiores en interpretación instrumental (guitarra clásica y laúd) en el Conservatorio de St. Louis, Universidad de Missouri-St. Louis y la Universidad de Florida State. Cuando era estudiante ganó el primer premio del *The George C. Krick Memorial Guitar Competition* en 1981. Habiendo ganado una beca del prestigioso *National Endowment for the Arts Recording* en 1993, Back fue el primer guitarrista que grabó los solos de guitarra del guitarrista americano William Foden (1860-1947) en un álbum elogiado por los críticos *American Pioneers of the Classic Guitar*. La revista Soundboard comentó sobre su interpretación en el festival internacional *Guitar Foundation of America* en 1996 «una loable fusión de erudición y ejecución. ¡Sumamente ameno!» Un crítico del St. Louis Classical Guitar Society escribió que Back «es posiblemente el mejor intérprete del mundo de estas obras olvidadas.» La revista inglesa Classical Guitar comentó «Douglas Back toca todo con muchísimo gusto y una gran habilidad.»

Back es autor de tres antologías y las grabaciones que las acompañan de música clásica para guitarra publicadas por Mel Bay Publications y sus artículos y críticas han sido publicados en Guitar Review, Soundboard, FIGA (Fretted Instrument Guild of America), Mandolin Quarterly, British BMG, The 5-Stringer, American Record Guide y la revista Filipinas. Ha actuado como solista de guitarra clásica, banjo clásico, plectrum banjo, laúd del Renacimiento y mandolina en conciertos por los Estados Unidos, Australia y Filipinas. Sus actuaciones y entrevistas han sido retransmitidas por los programas radiofónicos *All Things Considered* y *150 Years of the American Fingerstyle Guitar Concert* de National Public Radio y en la ABC National Australian Radio and Television. Back también es reconocido por su dirección de la orquesta juvenil Fretworks de mandolina y guitarra del *Baldwin Arts and Academic Magnet School* en Montgomery, Alabama, la primera de este tipo en los EE.UU. Back es profesor de guitarra en Troy State University de Troy, Alabama.

Douglas Back

EXCELLENCE IN MUSIC
MEL BAY
Since 1947